스피노자 매뉴얼

인물, 사상, 유산

스피노자 매뉴얼
인물, 사상, 유산

피에르-프랑수아 모로 지음

김은주, 김문수 옮김

에디토리얼

옮긴이 서문

이 책은 피에르-프랑수아 모로(Pierre-François Moreau)의 『*Spinoza et Le Spinozisme*』을 우리말로 번역한 것이다. 원서는 프랑스의 유명한 '끄세주 문고' 중 하나로 출판되었으며, 지금까지 4판까지 나왔으나 우리가 번역한 것은 2003년의 3판본이다. 끄세주 문고는 철학에서부터 자연과학, 심지어 요리나 향수에 이르기까지 별별 영역에 대해 해당 분야의 전문가가 프랑스어로 정확히 128페이지에 맞춰 쓰는 입문서이다. 이 책도 마찬가지다. '스피노자와 스피노자주의'라는 원제가 말해주는 대로, 이 책은 스피노자라는 인물과 스피노자 사상에 대해 최고의 스피노자 전문가 중 한 사람이 쓴 입문서 격의 책이다.

스피노자는 철학사나 지성사에서 주변부나 이단으로 취급되었지만, 최근 우리나라에서는 여느 철학자 이상으로 각광받아 왔다. 들뢰즈와 마트롱을 위시한 프랑스어권의 기념비적인 연구서, 내들러 등의 영어권 입문서나 전기가 번역되었고, 다 마지오처럼 스피노자 철학을 현대의 뇌과학과 연결시키려는 책도 소개되었다. 뿐만 아니라 (주로는 들뢰즈의 영감하에) 스피노자의 이론을 활용하여 우리의 일상을 해석하고 삶의 지침을 조언하고자 하는 국내 저자들의 에세이도 있고, 스피노자로 박사학위를 받은 사람도 10명 남짓 된다. 우리나라 대표적 스피노자 연구가인 진태원 선배가 90년대 중반 석사 논문을 준비할 때 참고할 자료가 거의 없었다고 술회한 것에 비춰 보면 상전벽해인 셈이다. 아직까지 『윤리학』이나 『신학정치론』 등 스피노자의 주저에 대한 신뢰할 만한 번역본이 없다는 점이 아쉽기는 하지만(이 또한 수년 내에 해소될 전망이다), 스피노자는 한국에서는 학문적으로나 상업적으로나 대단한 성공을 거둬온 셈이다. 스피노자와 함께 '대륙 합리주의' 혹은 '초기 근대'(early modern)로 묶이는 데카르트나 라이프니츠와 비견해보면 더욱 두드러지는 사실이다.

이런 상황에서 전문 연구서를 한 권 더 보태기보다 입문서 성격의 책을 굳이 번역해서 소개하는 이유는 무엇인가? 이 책이 지니는 뚜렷한 장점 때문이다. 이 책은 스피노자 철학에 대한 짧은 교과서 같은 성격을 지니고 있고, 교과서답게 신뢰성, 균형감, 포괄성을 지니고 있다.

먼저 신뢰성. 이 신뢰성은 저자로부터 나온다. 이 책을 저술한 모로는 프랑스어권 아카데미에서 스피노자 연구를 이끌던 마트롱의 교수직을 물려받아, 프랑스를 세계적인 스피노자 연구의 중심지로 만든 학자이다. 90년대 후반 이후 프랑스어로 출판된 스피노자 연구서나 논문 모음집에는 그의 서문이 일종의 보증서로 실릴 정도이다. 대표 저작으로는 국가 박사학위 논문인 『스피노자, 경험과 영원*Spinoza: l'expérience et l'éternité*』 (PUF, 1994)과 논문 모음집인 『스피노자주의의 문제들*Problèmes du Spinozisme*』(Vrin, 2006)이 있다. 우리말로 번역된 것으로는 『스피노자』[1]와, 그가 한국의 독자를 위해 스피노자 연구의 동향과 스피노자 철학의 현재성에 대해 대담한 내용이 『스피노자의 귀환』(민음사, 2017)에 소개되어 있다.

---

[1] 류종렬 옮김, 다른 세상, 2008. 이는 Pierre-François Moreau, *Spinoza*, Édition de Séuil, 1975를 번역한 것이다. 여러 이유로 새로이 번역될 필요가 있는 이 책은 모로 교수가 20대 젊은 학자로서 쓴 글로 마르크스주의적 색채를 띠고 있으며, '자유'를 모티브로 스피노자 철학을 열렬하게 웅변한다는 점에서, 성숙한 눈으로 스피노자 철학을 차분하게 제시하는 이 책과 좋은 대조를 이룬다.

다음으로 균형감. 이 균형감은 두 가지다. 하나는 입장의 균형감이다. 이 책은 결론적으로 스피노자 철학을 "절대적, 역사적, 전투적 합리주의"로 그려내지만, 스피노자 철학에 대해 과잉되거나 신비적인 해석을 가미하는 대신, 스피노자 철학을 최대한 중립적으로 제시하고 있다. 또한 저자 자신의 해석을 넘어 쟁점들 역시 소개할 뿐만 아니라, 각 쟁점에 대해서도 지금까지의 스피노자 철학의 연구 결과를 적절하게 반영하면서도, 어느 한 편으로 쏠림이 없이 균형적인 입장을 보여준다. 이 때문에 이 책은 스피노자 철학에 막 입문하는 사람에게는 안전한 통로의 역할, 이미 스피노자 철학을 연구하고 있는 이들에게는 사실이나 해석의 정확성을 점검하는 좌표 역할을 할 수 있다. 다른 하나는 내용의 균형감이다. 책의 원제가 시사하는 바대로, 이 책에는 스피노자의 생애(1장), 저작과 쟁점(2, 3장), 스피노자 철학의 수용사(4장)가 나와 있다. 이 정도 분량으로 세 가지 내용을 다루다보면 보통 어느 한 부분에 집중하고 나머지는 소홀하기 마련인데, 이 책은 세 가지 내용을 균형 있게 다룬다. 그렇다고 해서 역자들이 특별히 추천할 만한 부분이 없는 것은 아니다. 이 책의 2장에 나온 『신학정치론』 요약은 역자들이 지금까지 접해본 것 중 가장 일목요연한 정리이다.

마지막으로 포괄성. 이 덕목은 위에 말한 균형감과 겹친다. 이 책은 짧은 분량 안에 스피노자의 전기적 사실, 스피노자를 양육한 복수의 문화(유대 문화, 이베리아 문화, 라틴 문화, 네덜란드 문화), 스피노자의 저작과 해석상의 쟁점, 스피노자 철학의 수용사까지 포괄하고 있다. 『윤리학』, 『신학정치론』, 『정치론』과 같은 스피노자의 주요 저작만이 아니라, 『소론』, 『르네 데카르트의 『철학의 원리』에 대하여』, 『형이상학적 사유』의 내용과 쟁점도 망라되어 있다. 특히 스피노자 사상 형성에 기여한 문화에 대한 논의나 스피노자 사후 20세기에 이르기까지 스피노자 철학의 수용의 역사는 다른 책에서는 좀처럼 찾아보기 힘든 정보이다. 이 정보 덕분에 우리는 복수의 이질적인 문화 요소들이 한 철학을 형성하는 재료가 되고, 다시 이렇게 형성된 철학이 또 다른 문화나 사상을 형성하는 재료가 되는 순환적 과정을 엿보게 된다.

이런 특징 덕분에 이 책에서는 스피노자 철학에 대해 호기심 충족을 넘어 신뢰할 만하고 체계적인 지식을 얻을 수 있을 것이다. 다만 짧은 분량 안에 스피노자 철학의 전반에 대해 균형감 있게 제시하는 책이다 보니, 논의가 간결하고 압축적이라는 점은 알려 두어야 할 것 같다. 이는 단지 분량 때문이 아니라 저자 특유의 서술 방식 때문이기도 하다. 그래서 소위 '말랑말랑한' 입문서에서와는 달리 집중력을 요하는 정교하면서도 압축적인 논의를 심심찮게 만나게 될 것이다. 독자의 편의를 고려하면, 저자가 짧은 문장 안에 압축해 놓은 내용에 대한 역자의 친절한 주석이 적잖이 필요하다. 하지만 지나친 주석은 간결한 교과서라는 이 책 특유의 매력을 상쇄시킨다. 하여 이 책의 매력을 해치지 않는 선에서 맥락상 오해의 여지가 있는 부분 위주로 역주를 달았다.

이 책에 대해 역자들이 권하는 읽기 방식은 통독이다. 앞부분에서 간략하게 제시된 사항들이 뒷부분의 본문이나 주석에서 해명되고 있는 경우가 많으니, 처음 부분에 분명치 않은 사항이 나오더라도 책을 믿고 끝까지 읽는 편이 좋을 듯하다. 또이 책은 분량의 압박도 덜하고 저자인 모로 교수의 글은 원래 압축적이고 간결해서 반복해서 읽을수록 묘미가 더해지니, 두세 번 읽는 것도 권하고 싶다. 그런 다음, 이 책을 외국어 문법

책이나 사전처럼 활용하면 될 것이다. 낯선 외국어를 익힐 때 막히는 문장이 나오면 문법책으로 되돌아가듯, 이 책 역시 스피노자나 근대철학에 관한 글을 읽다가 필요할 때마다 매뉴얼처럼 펼쳐 보면 될 것이다. 모쪼록 이 책이 스피노자 철학을 이해하는 데 유용한 지적 도구가 되기를 기대해본다.

차례

도입

스피노자라는 이름에는 여러 이미지가 겹친다.

1) 17세기의 위대한 합리주의자. 스피노자는 데카르트가 개척한 새로운 터로 진출한 사람들 중 하나였다. 그리고 인간에 대한 분석을 기하학적 방식으로(more geometrico) 확립하고자 했다는 점에서, 그는 아마도 과학혁명의 귀결들을 가장 급진적으로 이끌어낸 자일 것이다.

2) 사방에서 공격받은 철학자. 이는 스피노자의 (무신론에 가까운) 신관(神觀), 성서관, (자유의지나 원죄를 토대로 삼기를 거부했던) 윤리관 때문이다. 그는 일찍이 암스테르담의 유대 공동체로부터 추방되었고, 이후에는 모든 정통파 종교로부터 단죄되었다. 그러나 그의 사상은 지하에서 은밀히 이어진 끝에 18세기 말 독일에서 찬란하게 부활한다. "신에 취한 자"로.

3) 준거점. 정치학에서 스피노자는 자유주의자, 민주주의자,

마르크스주의자 사이에서 재발견되는 준거점이다.(그러나 철학할 자유에 대한 스피노자의 옹호는 흡스적 추론에 의거하며, 흡스는 특별히 정치적 자유의 옹호자로 통하지는 않는다. 마찬가지로 그의 마지막 저작인 『정치론』은 군주정, 귀족정, 민주정 사이에서 중립을 지키며, 마르크스주의와 달리 그는 혁명의 헛됨을 강조한다.) 그는 또한 정신분석학의 역사와 사회과학의 역사에서 재등장하는 준거점이기도 하다.(그러나 그의 상상 개념은 무의식 개념과 들어맞지 않으며, 사회과학은 그가 저술 활동을 하던 시대에는 존재하지 않았다.)

스피노자는 강단 바깥에서 가장 인기 있는 철학자 중 하나이지만 난해하고 심지어 모호하기로도 이름이 높으며, 그의 인물됨과 학설과 관련하여 많은 역설이 지적되어 왔다. 이 책은 이 모든 문제를 해소하려 들지는 않는다. 다만 스피노자의 생애에 대해 지금까지 알려진 것, 그가 쓴 저술의 내용, 몇몇 해석상의 문제, 스피노자 학설의 역사를 총괄하여 적어도 현 위치를 측정할 수는 있다.

스피노자 연구에서는 관례상 다음의 라틴어/네덜란드어 제목의 약호들이 사용되며, 이 책에서는 한국어 제목의 약호를 사용한다.

원제	한국어 제목	약호
Tractatus de Intellectus Emendatione	『지성교정론』	–
Korte Verhandeling van God, de Mensch en des zelfs welstand	『신, 인간, 인간의 지복에 관한 소론』	『소론』
Renati Des Cartes Principiorum philosophiae pars I, II.	『르네 데카르트의 『철학의 원리』에 대하여』	『원리』
Cogitata metaphysica	『형이상학적 사유』	–
Tractatus Theologico-Politicus	『신학정치론』	–
Ethica	『윤리학』	–
Tractatus Politicus	『정치론』	–
Compendium Grammatices linguae hebraeae	『히브리어 문법 개요』	–

관례적으로 『소론』은 장의 번호, 『정치론』은 절의 번호, 『윤리학』은 부와 정리의 번호에 따라 인용된다. 또한 『지성교정론』은 브루더(Bruder) 판본[1]의 편집을 따랐다.

---

1 [옮긴이 주] 1843년에 출간된 브루더 판본은 『지성교정론』을 110개의 절로 나누고 있으며, 영어권의 컬리나 불어권의 쿠아레 등 대부분의 『지성교정론』 번역은 이 판본을 따른다.

1장

생애

스피노자의 생애와 저작은 숱한 전설, 일방적 해석, 곡해의 대상이 되곤 했다. 이는 조망이 제대로 확보되지 않은 데서 연유한다. 그러므로 먼저 스피노자의 전기(傳記) 중 의심의 여지가 없는 것을 건조하게 제시하고, 그런 다음 해석과 평가의 문제로 되돌아가야 한다. 조작된 것들을 배제하는 일만이 중요한 것은 아니다. 공인된 사실과 연관된 쟁점 역시 이해해야 한다.

사실

1632년 11월 24일 암스테르담, 벤투 드 스피노자[1]는 포르투갈계 유대인 집안에서 태어났다. 어머니 한나 데보라(Hanna Debora)는 1638년에, 아버지 미카엘(Michael)은 1654년에 사망했다. 스피노자는 부친 사후 물려받은 가업을 동생 가브리엘

(Gabriel)과 함께 운영했다. 1656년 7월 27일 그는 자신이 속해 있던 유대인 공동체로부터 축출된다. 이후 가족과 절연한 것으로 보인다. 여하튼 가업은 그 이후 동생 가브리엘 혼자 이끌어 갔으며, 스피노자는 광학 렌즈를 깎아 생계를 유지했다. 거의 같은 시기, 그는 한때 예수회 수도사였던 판 덴 엔던(Van den Enden)이 1652년에 세운 학교에서 라틴어와 고전 문화를 배우기 시작한다. 또 '제2의 종교개혁'[2]의 다양한 모임들을 드나들면서 종종 데카르트주의적 색채를 띠곤 했던 개신교도들과 교류했다. 1658년 8월과 1659년 3월 사이, 향후 종교재판에서 스피노자에 대해 이야기할 두 명의 에스파냐인[3]이 스피노자와 또 다른 이단자 후안 데 프라도(Juan de Prado, 이하 프라도)를 만나러 왔다. 프라도는 이들에게 자신이 더 이상 성서의 신을 믿

---

1   [옮긴이 주] Bento de Spinoza는 스피노자의 포르투갈어식 이름. 히브리어로는 바뤼흐 스피노자(Baruch Spinoza), 라틴어로는 베네딕투스 데 스피노자(Benedictus de Spinoza)이다.

2   [옮긴이 주] 종교개혁 이후 대체로 1600년에서 1750년까지에 이르는 네덜란드 교회사의 한 시기를 가리킨다. 이는 종교개혁의 기조를 일상생활에 적용하자는 운동으로, 네덜란드어로는 'Nadere Reformatie'라 부른다. 경건과 정통에 대한 존중으로 특징지을 수 있으며 영국의 청교도 운동이나 독일의 경건주의(pietism)와 유사하다.

3   [옮긴이 주] 가톨릭 수사 토마스 솔라노(Tomás Solano y Robles)와 군인 말트라니야(Miguel Perez de Maltranilla)를 말한다. 이 책 60쪽 주석 43을 참조할 것.

지 않으며, 무엇이 가장 좋은 법인지를 찾아 그것을 따를 것이라고 말한다. 1660년이나 1661년에 스피노자는 암스테르담을 떠나 콜레히안⁴의 지적 중심지인 레인스뷔르흐(Rijnsburg)에 정착한다.

이 시기 스피노자는 아직 아무것도 출간하지 않았지만 '새로운 과학'의 옹호자들 사이에서 제법 유명세를 얻기 시작한다. 네덜란드 공화국을 여행 중이었던 영국 왕립학회 서기 헨리 올덴부르크(Henry Oldenburg)가 1661년 여름 그를 방문하려고 레인스뷔르흐를 경유할 정도였다. 헨리 올덴부르크는 런던으로 되돌아가면서 스피노자에게 편지를 썼다. 이렇게 시작된 서신 교환은 향후 15년이나(물론 중간에 긴 휴지기가 있긴 했지만) 지속되면서 갖가지 주제, 가령 자연학, 정치학, 종교, 철학 등이 다루어진다. 1663년, 스피노자는 포어뷔르흐(Voorburg)로 이사한다. 그는 『르네 데카르트의 『철학의 원리』에 대하여』(이하 『원리』)를 출간했다.(이 책의 네덜란드어 번역본은 1664년에 나온다.) 이 책

---

4 [옮긴이 주] Collegianten. 1619년 네덜란드 바르몬트에서 시작된 종교운동으로서, 그 이름은 참여자들이 자신들의 모임을 '콜레헤스'(Colleges, 회합)라 부른 데서 연원한다. 이들의 모임에서는 목회자 없이 예배를 진행했고 성서에 대해 자유롭게 토론했다. 이에 대해서는 '콜레히안과 소치니파'(64~66쪽)를 참조하라.

을 계기로 빌럼 판 블레이은베르흐(Willem van Blijenbergh)와 서신을 주고받는데, 이 서신에서는 특히 악의 문제가 다뤄진다.

1669년 말에서 1671년 초 사이, 스피노자는 다시 이사를 했다. 이번에는 헤이그였는데, 거기서 죽을 때까지 거주한다. 그는 늦게 잡아도 1665년부터는 『신학정치론』을 쓰기 시작했다. 이 책은 1670년에 익명으로 발간되었고, 발간되자마자 사방에서 공격을 받았다. 이 책은 로데베이크 메이어르(Lodewijk Meyer)의 『철학, 성서의 해석자』, 홉스의 『리바이어던』, (소치니파[5] 텍스트 모음집인) 『폴란드 형제회의 서가』와 동시에 금서가 되었다. 그사이인 1671년에 스피노자는 라이프니츠로부터 한 통의 편지를 받았고, 라이프니츠는 몇 해 지나 스피노자를 만나러 온다. 1672년의 프랑스의 네덜란드 침공은 15년 전부터 나라를 이끌어온 더 빗(De Witt) 형제를 몰락시켰다. 더 빗 형제가 암살당하고 오라녀가의 빌럼[빌럼 3세]이 권력을 장악하자, 스피노자는 암살자들을 고발하는 벽보를 붙이려고 했었다. "극악한 야만인들!"(Ultimi Barbarorum) 이때 스피노자는 나라를 떠나려고 했을까? 이후 로렌초 마갈로티(Lorenzo Magalotti)가 쓴

---

5   [옮긴이 주] 소치니파에 대해서는 이 책 65~66쪽을 참조하라.

글은 그럴 가능성을 암시한다.

1673년, 스피노자는 위트레흐트에 있었던 프랑스군 진영에서 콩데(Condé) 공작의 친척을 만난다. 1675년, 그는 『윤리학』 출판을 시도하지만 목사들의 위협하에 불발되었다. 스피노자는 1677년 2월 21일에 사망했다. 이때 그의 친구들은 그의 유고를 라틴어본(*Opera posthuma*)과 네덜란드어 번역본(*Nagelate Schriften*)으로 출판했다. 여기에는 『윤리학』, 편지, 세 권의 미완성 저작 ―『지성교정론』,『정치론』,『히브리어 문법 개요』(이 책은 라틴어본 유고집에만 실려 있다) ― 이 포함되어 있다. 유고집에는 서문이 실려 있는데, 네덜란드어 판본 서문은 야리흐 옐러스(Jarig Jelles)가, 라틴어 판본 서문은 로데베이크 메이어르가 썼을 가능성이 높다. 그다음 해에 익명으로 발간된 『신학정치론』의 프랑스어판이 등장한다.(아마도 위그노교도 가브리엘 드 생-글랭(Gabriel de Saint-Glain)이 번역했을 것이다.) 이 판본은 (프랑스어로 쓰인) "이 책의 숙지를 위한 흥미로운 논평"을 포함하고 있는데, 이는 스피노자가 새로운 판본을 위해 작업하고 있었음을 입증하는 듯 보인다.

출전과 자료

오랫동안 스피노자의 생애는 다음의 다섯 자료를 통해서만 알려졌다.

1. 1677년 『유고집』의 서문. 스피노자 연구자 메인스마(K. O. Meinsma, 1865~1929)에 따르면, 두 페이지의 짧은 이 글은 "이후에 작성된 모든 것의 초석 역할을 하는데", 왜냐하면 "여기에 기록된 것이 참임을 누구도 의심할 수 없기" 때문이다. 이 서문은 스피노자의 가장 가까운 친구들이 스피노자가 죽은 직후에 쓴 것이다.

2. 1697년 피에르 벨(Pierre Bayle)이 자신의 『역사적·비평적 사전Dictionnaire historique et critique』에 쓴 항목. 이 항목은 두 번째 판본에선 코르트홀트(Kortholt)의 서문[6]에 제시된 정보들을 반영하여 수정되며, 출판업자인 할마(F. Halma)가 1698년 네덜란드어로 번역한다. 이후 18세기 사람들은 대부분 이 항목에서 벨이 스피노자의 체계에 대해 요약하고 논평한 내용을

---

6   [옮긴이 주] 바로 아래 나오는 크리스티안 코르트홀트의 『세 명의 사기꾼에 대해』의 재판 서문을 말한다.

통해 스피노자의 사상을 접하게 된다. 이 항목에는 벨이 다양한 원천으로부터 재구성한 스피노자의 생애에 대한 이야기도 포함되어 있다.

3. 1700년 크리스티안 코르트홀트가 1680년에 출간한 『세 명의 사기꾼에 대해』의 재판(再版)에 그의 아들 세바스티안 코르트홀트가 붙인 서문.(이 책에서 말하는 '세 명의 사기꾼'이란 자유사상가들이 말하는 모세, 예수, 무함마드가 아니라 홉스, 처베리의 허버트 남작, 스피노자이다.)

4. 1704년 루터교 목사 콜레루스(Colerus)가 집필한 『스피노자의 생애』. 그는 이 책을 네덜란드어로 출간하면서, 이와 동시에 『죽은 자들 사이에서 예수 그리스도의 진정한 부활. 이를 베네딕투스 데 스피노자와 그의 신봉자에 맞서 옹호함』이라는 설교집을 출간했다. 그는 스피노자와 일면식도 없었고 스피노자의 사상에 동의하지도 않았지만(오히려 거부했다), 스피노자의 인간됨에 매료되어 스피노자의 생애와 습관에 대해 알고자 했다. 그는 헤이그의 목사로서 스피노자가 20년 전에 거주했던 집에 살았고, 무엇보다 스피노자가 말년을 보냈던 하숙집 주인인 화가 판 데르 스페익(Van der Spyck)에게 직접 물어볼 수 있었다. 그의 보고는 1671년 이전의 시기에 대해서는 간략

하고 불확실하나, 1671~1677년에 대해서는 풍부하고 구체적이다. 스피노자의 학설을 거부하면서도 그의 행동거지를 찬양하는 콜레루스의 태도는 피에르 벨이 말한 유덕한 무신론자라는 도식의 예시처럼 보인다. 콜레루스는 핵심적으로 판 데르 스페익의 증언에 의지하며, 이를 벨이나 코르트홀트에서 찾아낼 수 있었던 사항들로 보완한다.

5. 1719년 『스피노자 선생의 생애와 정신*La vie et l'esprit de M. Benoît de Spinosa*』의 1부. 이 텍스트는 출간되기 이전에 오랫동안 회람되었으며, 루앙 출신의 프랑스인 의사 장-막시밀리앙 뤼카(Jean-Maximilien Lukas)가 썼다고 간주된다. 이 글의 저자는 스피노자의 친구이자 제자를 자처한다. 이 글이 언제 작성되었는지는 알아내기 어렵다. 스피노자의 사후 곧바로 쓰였다는 의견(두닌-보르코프스키(Dunin-Borkowski))도 있고, 이후 출판된 다른 자료들을 참고하여 수정을 거듭했다는 의견(마들렌 프랑세 (M. Francès))도 있다. 어쨌든 어조나 책의 마지막 부분에 나오는 '우리'라는 표현은 이 전기가 스피노자의 모임 또는 스피노자와 가까운 자들의 모임 중 하나에서 나왔음을 시사한다. "콜레루스의 책보다 이 텍스트가 라틴어 유고집 서문 내용과 더 부합하며, 종종 사건들에 대한 보다 정확한 연대기를 제시한다."(메인

스마) 주목할 것은 이 책의 2부인 '스피노자의 정신' –『세 명의 사기꾼에 대한 논고』라는 제목으로도 알려져 있는 – 이 코르트홀트가 전용했던 전통을 가져오면서도 변형한다는 점이다. 종교가 사람들을 기만한다는 고전적 이론(이는 스피노자적이지 않다)에 스피노자의 상상 이론이 토대를 놓아주는 덕분[7]이다. 스피노자주의의 자산이 어떻게 지하운동의 전통을 쇄신하는지를 보여주는 대목이라 할 만하다.

그러므로 라틴어 텍스트 두 개와 프랑스어 텍스트 두 개, 그리고 네덜란드어 텍스트가 하나 있다. 첫 번째는 라틴어 유고집의 서문과 코르트홀트의 서문이며, 두 번째는 벨의 글과 [뤼카의]『스피노자의 생애』이다. 마지막으로 네덜란드어로 된 [콜레루스의] 텍스트는 네덜란드를 제외한 유럽의 나머지 지역에서는 몇 가지 사실 정정을 거친 프랑스어 판본을 통해 알려지게 된다. 이 다섯 개의 주요 자료 중 어느 하나도 독자적인 전기가 되지 못한다는 사실은 충분히 주목되지 않았다. 각 자료는 동반된 이론적 텍스트를 소개하고 예증하거나 혹은 어

---

7   [옮긴이 주] 이에 대해서는 이 책 121~122쪽를 보라. 스피노자의 상상 이론 일반에 대해서는 이 책 148~149쪽과 104쪽의 주석 3을 참고하라.

조를 변화시킬 수밖에 없다.(소개하는 경우로는 유고집 서문이 해당되며, 코르트홀트의 서문과 콜레루스의 전기는 반박에 해당하고, 뤼카의 전기는 전투적 다시쓰기로 볼 수 있다.) 따라서 전기적 사실에 관한 주장들은 이러한 [소개나 반박의] 태도를 감안하여 읽혀야 한다. 주장들의 어조, 주장들의 선택, 주장들의 지평이 단지 사실 보고만을 겨냥하지는 않기 때문이다.

다른 자료들도 이용할 수 있다. 가령, 스피노자의 저작 곳곳에, 특히 편지에 흩어져 있는 정보가 그렇고, 소책자에서 발췌한 대목들의 지시사항 — 약간의 불신이 필요한 — 이 그렇다.(이는 겝하르트의 자료집, 보다 최근에는 발터의 자료집에 있다.)[8] 18세기에는 빌럼 구레이(Willem Goeree)가 판 덴 엔던에 대해 쓴 몇몇 정보들이 발견되었고, 의사인 모니코프(Monikhoff)는 전기적 사실에 관한 주석을 집필했다. 18세기 말에 무어(Christoph Gottlieb von Murr)는 『신학정치론』의 또 다른 각주들을 발견했다. 헤겔의 네덜란드인 제자이자 친구였던 판 게르트(Van Ghert)는 또 다른 자료들을 찾으려 애썼지만 허사였다. 19세기에는

---

8   Carl Gebhardt, *Spinoza. Lebensbeschreibungen und Dokumente*, Hambourg, F. Meiner, 1914와 Manfred Walther가 개정한 1988년의 새 편집본.

몇몇 텍스트가 새로이 발견되었다. 새로운 편지, 『소론』의 요약본, 그리고 『소론』이 발견된 것이다. 또한 두 개의 과학 논고가 발견되었다는 믿음이 퍼지기도 했다. 특히 메인스마 덕분에 전기 연구와 문헌 연구가 비약적으로 발전했다. 그는 아드리안 쿠르바흐(Adrian Koerbagh) 소송문을 발견하고 스피노자 친구들의 활동을 분석하여, 스피노자를 고독한 금욕주의자로 보는 풍문이 틀렸음을 보여주었다 — 책의 제목 『스피노자와 그의 모임』[9]은 이를 말해준다. 이 책은 스피노자가 네덜란드 "자유정신"의 전통에, 보다 직접적으로는 종교개혁을 개인주의와 합리주의의 방향으로 해석하는 콜레히안의 환경에 몸담고 있었음을 보여주는 데 중점을 두고 있다. 그러니까 메인스마에게 스피노자는 네덜란드의 자유와 자유 사상의 역사를 보여주는 지표이다. 메인스마의 저서는 독일어로 곧바로 번역되었으며, 프로이덴탈, 겝하르트, 두닌-보르코프스키를 배출한 생산적 학파의 연구에 편입된다. 프로이덴탈은 수고 자료 및 공식·비공식적인 문서들의 출판을 기획했다.[10] 마찬가지로 칼 겝

---

9 Koenrad Œge Meinsma, *Spinoza en zijn kring, Historisch-kritische Studiën over Hollandsche vrijgeesten*, La Haye, 1896(재판은 Utrecht, 1980). 프랑스어 번역은 *Spinoza et son cercle*, Vrin, 1984.

하르트는 유대인 이단자 우리엘 다 코스타(Uriel da Costa)(그는 이 사람의 저작들을 출판했다)와 프라도의 중요성을 강조했다. 그 이후 레바(I. S. Revah)는 스피노자와 프라도를 만났던 두 에스파냐인의 공술서를 종교재판 서고에서 발견했다.[11] 겝하르트는 또한 18세기 초 30년 이전에 스피노자를 알았던 사람들을 조사한 두 명의 독일 여행가, 슈톨레(Stolle)와 할만(Hallmann)의 여행일지 발췌본 역시 출판했다. 구스타브 코헨(Gustave Cohen)은 샹티이에 있는 콩데 공작의 서고에서 1673년 스피노자가 프랑스군 막사를 방문한 흔적을 발견했다. 바즈 디아스(Vaz Dias)와 판 데르 탁(Van der Tak)은 스피노자의 가계와 젊은 시절을 밝혀주는 문서들을 출간했다.[12]

---

10 Jacob Freudenthal, *Die Lebensgeschichte Spinoza's in Quellenschriften, Urkunden und nichtamtlichen Nachrichten*, Leipzig, 1899.

11 겝하르트의 작업에 대해서는 안살디(S. Ansaldi)가 출간한 논문 모음집 *Carl Gebhardt, Judaïsme et baroque*, PUPS, 2000을 보라. I. S. 레바에 대해서는 *Spinoza et le Dr. Juan de Prado*, Paris-La Haye, Mouton, 1959를 보라. 이는 *Des Marranes à Spinoza*, Vrin, 1995에 다시 실린다.

12 A. M. Vaz Dias, W. G. Van der Tak, *Spinoza Mercator et Autodidactus*, La Haye, Martinus Nijhoff, 1932. 이 연구와 그것을 보충하는 자료들이 *Spinoza, merchant and autodidact*라는 제목으로 *Studia Rosenthaliana*와 *Meddedelingen vanwege het spinozahuis*에 의해 1982년 재출간되었다.

이 상이한 출전들을 어떻게 평가할까? 주된 문제는 콜레루스와 뤼카의 불일치를 어떻게 판단하느냐이다. 메인스마와 겝하르트는 뤼카를 특별히 신뢰했다. 그가 스피노자와 연대기적으로나 지적으로나 더 가깝다는 이유에서다. 프로이덴탈은 뤼카를 "스피노자의 진정한 제자"라고 보긴 했어도 항상 따르지는 않았다. 반면 다른 사람들 – 종종 대립적인 근거에서이긴 하지만, 여하튼 스피노자와 그 친구들 모임 사이의 연관을 최대한 끊어보려는 사람들 – 은 뤼카의 증언의 진위를 의심했다. 두닌-보르코프스키는 뤼카의 사고방식이 스피노자의 사고방식과 확연히 다르다고 판단했다. 마들렌느 프랑세는 뤼카가 스피노자와 가까운 사이였는지조차 의심했으며, 위인화하는 취향이나, 이야기에 그 자신의 철학적 지향을 덧씌우려는 경향이 있음을 비난했다. 반면 콜레루스가 부정확한 면이 있기는 해도 "근시안적인 세밀함" 때문에 상당한 우위가 있다고 확신했다. 사실상, 오늘날 역사가들이 이 출전들에 대해 내리는 판단은 대체로 스피노자 철학의 내용과 진화에 대해 그들 자신이 어떤 입장을 취하느냐에 의존한다. 확실한 것은 다음과 같다. 우선, 전기들 모두가 스피노자의 젊은 시절보다는 말년에 대한 정보를 제공할 뿐이며, 젊은 시절에 대해서는 다른 자료에 의존해야 한다는 점이다. 다음으로, (여타의 17세기 철학자들에 비해 얼마 되지 않는) 알려진 사실들은 이것들이 의미를 지니게 되는 지평을 조망할 때만 이해될 수 있다는 점이다. 이를 고려하지 않은 것이 대다수 전기의 약점이다. 그러므로 우리는 이제 간략하게나마 이 지평들을 재구성하여 스피노자 전기의 주요사항을 정위시킬 것이다. 스피노자가 네덜란드인이었다거나 포르투갈계 유대인이었다거나 데카르트주의자였다고 말하는 것으로는 충분치 않다. 네덜란드인이라는 것, 포르투갈계 유대인이라는 것, 데카르트주의자라는 것이 17세기에 과연 무엇을 의미했는지 역시 설명해야 한다 – 겉보기에는 아주 단순한 이 용어들(네덜란드인, 유대인, 데카르트주의자 등등)이 과연 어떤 유산과 모순을 감추고 있는지를 설명해야 하는 것이다.[13]

---

13 현재 가장 좋은 전기는 스티븐 내들러의 것인데, 이는 메인스마 이후의 발견들을 고려하고 있다.(*Spinoza. A Life*, Cambridge UP, 1999. 프랑스어 번역은 Bayard, 2003.[국역본 『철학을 도발한 철학자, 스피노자』, 김호경 옮김, 텍스트, 2011] 또한 토인 더 프리스(Theun de Vries)의 *Spinoza in Selbstzeugnissen und Bilddokumenten*, Rowolt, Hambourg, 1970도 보라.)

암스테르담에서 출생

17세기의 네덜란드, 그것도 네덜란드의 부유한 상업 중심지에서 태어난다는 것은 정치, 종교, 학문(과학)과 관련된 삼중의 의미를 띠고 있다.

첫째, 정치와 관련하여. 네덜란드는 에스파냐에 맞선 80년 전쟁의 와중에 독립을 쟁취했고, 이 전쟁을 처음에 지휘했던 이는 오라녀가의 빌럼[빌럼 1세]이었다. 에스파냐는 뮌스터 평화조약(1648년)을 체결하고 나서야 네덜란드 7개 주의 독립을 인정했다. 전쟁이 끝난 후 네덜란드는 대부분 군주제였던 유럽의 풍경에서 하나의 예외로 등장했다. 7개 주는 주권을 행사했으며, 각 주는 총독(stadhouder)과 의회가 지배했는데 둘은 종종 긴장관계에 있었다. 연합주에도 의회와 대총독(stadhouder général)이 있었다. 이 직위는 일종의 군주와도 같았으며, 전통적으로는 해방 과정에서 보여준 역할로 후광을 얻은 오라녀-나사우(Orange-Nassau) 가문이 맡았다. 의회는 '레헌트'(Regenten)라는 상업 부르주아 계급을 대표했으며, '레헌트'의 힘은 상업 및 해운의 번영과 연결되어 있었다. 총독과 의회 재상(서기) 사이의 경쟁은 상이한 형태를 보일 수 있었는데, 때로는 아주 격렬한 양상을 띠기도 했다. 그러나 스피노자는 총독이 없는 세상에서 성년이 되었다. 빌럼 2세가 유복자 하나만 남기고 죽자(1650년) 오라녀파는 혼란에 빠졌다. 의회가 우위를 점했다.[14] 이런 상황은 연방 재상 얀 더 빗(Jan de Witt)의 지도하에 1653년부터 1672년까지 지속되었다. 1672년에는 프랑스의 침입과 네덜란드의 패배로 빌럼 3세가 총독 자리를 맡게 된다. 그는 연방 재상의 정책을 흔들었고, 연방 재상은 자기 형과 함께 암살된다. 그때까지는 네덜란드가 귀족공화정이었다고 볼 여지가 있다. 게다가 정권이 교체되었다고 해서 엄밀한 의미의 군주정이 수립된 것도 아니었다. 그러나 그 이래 역사의 한 장이 넘어갔다.[15]

에스파냐의 압제에 대항한 폭동은 처음에는 도시들의 전통적인 '특권'의 이름으로 정당화되었다.[16] 하지만 투쟁이 계속

---

14 1663년에 의회는 스스로가 '주권자'라고 선언하고 오라녀가의 이름을 제거했던 공적 기도문을 제청했다. 오라녀가의 편을 들었던 목자들 대다수는 이 결정 때문에 얀 더 빗에 반대했다.

15 J. Rowen, *John de Witt, Grand Pensionary of Holland 1625-1672*, Princeton UP, 1978을 보라.

16 Catherine Secrétan, *Les privilèges, berceau de la liberté : la révolte des Pays-Bas aux sources de la pensée politique moderne(1566-1619)*, Vrin, 1990을 보라.

되고 정체가 공고화되면서 진정한 공화주의적 사고가 발전했으며, 이는 쿠르(Court) 형제(판 호버 Van Hove))의 저작에 표현되어 있다.[17] 이들의 성찰은 무엇보다도 마키아벨리와 홉스의 유산을 포괄하는 전통에 바탕을 두고 있다. 스피노자의 정치적 저술들은 적어도 부분적으로는 이런 지적 공간에 위치하게 될 것이다.(게다가 그는 『정치론』에서 쿠르를 인용하며, 자신의 책장에 쿠르의 책 『정치 논고*Discours politiques*』와 『국가에 대한 고찰*Considerations sur l'État*』 둘 다를 비치해 두었다.)

둘째, 종교와 관련하여. 에스파냐 가톨릭의 불관용에 맞선 투쟁은 프로테스탄티즘의 이름으로 전개되었다. 더 정확히 말해, 싸움이 지속되는 동안만 통일을 이루었던 다수의 프로테스탄티즘의 이름으로 말이다. 초반의 승리 이후 곧바로 분열이 나타난다. 엄격한 칼뱅주의(교구회의를 통한 사회생활의 통제와 출판의 통제를 포함한)를 강요하고자 하는 사람들과, 재침례파, 반삼위일체론자, 지복천년설파와 같은 제반 분파의 편에서 신앙과 예배의 자유를 옹호하는 사람들 사이의 분열이다. 그런 다

---

17 그들의 주요 저작의 1부는 마들렌느 프랑세에 의해 번역되었다. *La Balance politique*, Félix Alcan, 1937.

음, 칼뱅주의 진영 내에서도 대립이 나타난다 ─ 예정설을 엄격하게 지키고자 하는 고마루스파와, 자유의지에 보다 큰 역할을 부여하는 아르미니우스파 사이의 대립이 그것이다. 고마루스파가 오라녀가의 지지자라면, 아르미니우스파는 레헨트의 지지자였다. 둘 사이의 대립은, 아르미니우스파가 고마루스파 교구회의 요구에 항의하기 위해 의회에 항변서를 제출할 때 격화되었다.(이들의 이름인 '항변파'와 이들의 적대자에게 붙여진 '반항변파'라는 이름은 여기서 나왔다). 이 갈등, 그리고 이 갈등이 낳은 때로는 불안정한 균형 때문에 사실상의 관용의 분위기가 형성되었고, 관용은 루터파, 가톨릭교도(하지만 이들은 공적인 예배 장소를 이용하지는 못했다), 유대인들에게까지 확장되었다. 그러나 이 관용에는 한계가 있었고, 이 한계는 종교적 갈등이 정치적 갈등으로 배가될 때 두드러졌다. 1618~1619년에 도르트레흐트 종교회의(이는 총독의 지지를 받았던 고마루스파가 승리했다는 표지이다)는 연방 재상 올덴바르너펠트(Oldenbarnevelt)의 처형, 그로티우스의 체포, 아르미니우스파라는 혐의를 받던 교수와 행정관들의 '숙청'을 가져왔다. 하지만 그다음 시기에 상황은 호전되었다. 17세기 중반 네덜란드의 특징적 현상은 분파의 증식, 그리고 유럽 다른 곳에서는 아직 미지의 것이었던 사상의 자유(칼뱅주의 종교회의의 계속되는 압박하에 있기는 했지만, 이것은 실질적인 것이었다)와 출판의 자유였다. 이 그림을 완결시키려면 성무 감독권(Jus circa sacra)을 둘러싼 기나긴 논쟁을 고려해야 한다.[18] 그것은 17세기 내내 다음과 같은 신학적, 정치적 물음들과 뒤얽혀 있었다. 목회자를 임명하고 예배를 조직하며 종교 규율을 관리할 권한을 누가 가지는가? 교회와 국가의 분리라는 근대적 발상은 당시로서는 생각조차 할 수 없는 것이었고, 반드시 둘 중 하나가 다른 하나를 통제해야 한다고들 생각했다. 하나의 선택지는 교회의 자율성을 인정해주는 것이다. 그러나 이럴 경우 교회가 결정을 내리고 세속 행정수반은 들러리가 되어야 한다.(이것이 고마루스파의 입장이다.) 다른 선택지는 행정수반이 최종 결정을 내리고, 교회 역시 통제하는 것이다.(이것이 아르미니우스파의 입장이며, 외국에서는 홉스의 입장이다. 스피노자 역시 이 입장에 설 것이다.) 주권자를 우선으로 보는 자들이 근거로 삼는 논변들은 특히 그로티우스(『성무에 관한 최고 권력자의 지배에 대해De imperio summarum potestatum circa sacra』, 1647), 그리고 위(僞) 루키우스 안티스티우스 콘스탄스의 이름으로 나온 『성무권에 대해De jure

---

18 Nobbs, *Theocracy and Toleration*, Cambridge UP, 1938을 보라.

ecclesiasticorum』에서 찾아볼 수 있는데, 후자의 어휘와 문제의식은 『신학정치론』 19장에서도 찾아볼 수 있다.

셋째, 학문(과학)**과 관련하여.** 네덜란드는 대학과 출판물로 명망을 누렸다.[19] 그것들의 이름은 에라스뮈스적 전통, 박학과 역사학, 과학혁명 및 그것과 밀접한 관계를 갖는 철학을 떠올리게 한다.

실제로 네덜란드 대학들은 특히 아그리콜라와 에라스뮈스로 대표되는 인문주의의 발상지 중 하나였다. 에라스뮈스의 전통은 다른 나라 개신교 사회에서는 외면당하고 [에스파냐 같은 곳에서는] 가톨릭 반종교개혁의 공격을 받았지만, 네덜란드 대학에서는 여전히 활기를 띠었다. 이 전통에 수반된 교파 통합적 성향, 불관용에 대한 거부감도 함께. 디르크 코른허르트(Dirck Coornhert)는 유스투스 립시우스(Justus Lipsius)에 맞서 그의 'ure, seca'(불태우고 자르자)라는 유명한 정식[20]을 논박했다. 이후 스피노자는 코른허르트의 기치 'bene agere et laetari'(올바르게 행동하고 기뻐하라)를 인용할 것이다.[21] 메인스마는 그를 암스테르담 시장이자 종교적 자유의 옹호자인 코르넬리스 호프

---

19 Paul Dibon, *La philosophie néerlandaise au Siècle d'or*, Elsevier, 1954를 보라.

트(Cornelis Hooft)나 그 밖의 몇몇과 함께 '자유사상가'라는 다소 혼성적인 범주에 포함시킨다. 한계는 있었을지언정 네덜란드의 공적 공간은 이들이 서로 간의 차이에도 불구하고 정치적 문제나 종교적 문제를 비롯한 제반 문제에 대해 자유롭게 토론하는 분위기를 창출하는 데 일조했다는 것은 확실하다. 이런 분위기는 사람들이 박해를 피해 네덜란드에 정착하게 된 이유를 설명해준다. 낭트 칙령이 철회되기 이전과 이후, 프랑스의 많은 위그노교도의 경우처럼 말이다. 집필이 이뤄진 본국에서라면 출판되지 못했을 많은 책이 네덜란드에서 인쇄되었던 것 역시 이 때문이다.

---

20 유스투스 립시우스는 이 정식을 통해 마치 의사가 병든 신체의 건강을 보존하기 위해 온갖 수단을 활용하듯, 주권자도 힘으로 국가 신체의 통일성을 유지할 권리와 의무가 있음을 말하고자 했다. [옮긴이 주] 유스투스 립시우스는 스토아학파의 이론을 기독교의 틀에 맞춰 부활시키고 유행시킨 신스토아학파의 대표자이다. 그는 16세기 말 종교적 자유와 국가의 종교적 통일성을 둘러싸고 코른허르트와 논쟁을 벌였다. 립시우스는 주권자가 민중에게 신앙의 통일성을 부과해야 한다고 본 반면, 코른허르트는 종교적 자유를 광범위하게 허용할 때 오히려 정치적 안정이 달성된다고 보았다.

21 [옮긴이 주] 양심의 가책이나 보상의 약속 때문이 아니라 올바른 행위 자체가 주는 기쁨 때문에 올바르게 행동한다는 스피노자적 자유인의 모토라 할 수 있다. "모든 것이 신적 본성의 필연성으로부터 따라 나오고 자연의 영원한 법칙과 규칙에 따라 일어난다는 것을 올바르게 아는 자는 (⋯) 할 수 있는 한 올바르게 행동하고, 그들이 말하듯이, 기뻐할 것이다."(『윤리학』 4부 정리 50의 주석) "강인한 자는, 우리가 말했듯이, 할 수 있는 한 올바르게 행동하고 기뻐할 것이다."(『윤리학』 4부 정리 73의 주석)

또 다른 특징은 박학과 역사학의 관행이다. 분명, 고클레니우스(Goclenius), 알스테드(Alsted), 케커만(Keckerman)으로 대표되는 독일의 칼뱅주의 강단 형이상학을 계승한 철학적 전통이 존재했다. 마코비우스(Maccovius)는 이 유산을 네덜란드 대학으로 수입했고 뷔르허르스데익(Burgersdijck)이 그것을 이어 갔다.(『형이상학의 체제Institutiones metaphysicae』) 이는 "방법의 형이상학"(아주 간단히 말해, 라무스가 재해석한 아리스토텔레스주의)이라고 할 수 있는데, 이것은 장차 헤이레보르트(Heereboord)를 통해(또 네덜란드 바깥에서는 클라우베르크(Clauberg)를 통해) 쉽사리 데카르트주의적 스콜라 철학으로 변환될 것이었다. 스피노자는 책장에 케커만과 클라우베르크의 책을 소장하고 있었고, 『형이상학적 사유』에서는 헤이레보르트를 인용하기도 한다. 그러므로 스피노자가 논리학이나 형이상학의 전문 문제들을 다룰 때, 그의 작업 어휘와 논증의 장(場)은 일정 부분 이 네덜란드 강단 철학에 의해 마련되었다. 그러나 네덜란드는 철학 체계보다는 문헌학자와 역사학자를 더 많이 배출했다. 호프트는 80년 전쟁의 역사를 타키투스의 정신을 따라 이야기한다. 보시우스(Vossius)가와 헤인시우스(Heinsius)가는 라틴 고전, 고전어 문법과 사전들을 출간하고, 역사적이고 텍스트에 충실한 비평 규칙들을 수립한다.[22] [암스테르담 대학의 전신인] 아테나이움 일루스트레(Athenaeum illustre)의 출범 당시, 당대의 네덜란드 문화를 상세하게 언급한 두 취임 강연이 열렸다. 하나는 보시우스의 강연으로 '역사의 기예'(Ars historica)를 다루었고, 다른 하나는 바를라이오스(Barlaeus)의 강연으로 인문주의자들의 청중이 된 '학식 있는 상인'(mercator sapiens)을 다루었다.[23]

네덜란드는 과학기술 문화의 터전이기도 했다. 시몬 스테빈(Simon Stevin)은 군과 함대에 복무하는 기술자의 과학이 어떻게 발전하는지를 보여주는 훌륭한 사례다.[24] 역학, 광학, 확률에 대해 하위헌스(Huygens), 휘더(Hudde), 그리고 연방 재상 얀 더 빗 자신이 수행한 작업은 그야말로 네덜란드적이라고 할 만한 과학의 비상(飛上)을 목격하게 해준다. 전통적으로 판에 박힌 이미지로만 이용되어 온 렌즈깎이 스피노자는[25] 이런 지평에

---

22   스피노자는 『신학정치론』 9장에서 역사적 기예의 규칙들에 대해 참조하고 있다.

23   C. Secrétan, 『Le marchand philosophe』 de Caspar Barlaeus, Champion, 2002를 보라.

24   Wiep van Bunge, From Stevin to Spinoza. An Essay on Philosophy in the Seventeenth-Century Dutch Republic, Brill, 2001을 보라.

25   더구나 하위헌스 형제들이 주고받은 서신은 이 도구를 제작할 때 그들과 스피노자가 서로 토론했고 경쟁했음을 보여준다. E. Keesing, Les frères Huygens et Spinoza, Cahiers Spinoza 5, 1985를 보라. 마찬가지로 1671년 라이프니츠와 스피노자가 주고받은 편지의 주제는 광학과 렌즈이다.

서 새롭게 고찰되어야 한다. 렌즈 깎는 일은 생계 수단이었지만 또한 고도의 광학 이론과 응용과학 작업이기도 했다 – 오늘날의 정보처리 기술처럼, 당대에는 그것이 '첨단 기술'이었다. 데카르트가 살러 온 곳도 네덜란드이다. (레기우스의 해석에 대한 데카르트 자신의 논박이나, 데카르트에 대한 보에티우스의 논박 같은) 데카르트주의의 주요 논쟁이 펼쳐지는 곳도 다름 아닌 네덜란드이다.[26] 여기서 이 '데카르트주의'라는 말의 의미를 잠깐 생각해보자. 그것은 결코 데카르트 학설의 단순 반복을 뜻하지 않는다. 그 반대로 데카르트 학설은 출발점이면서 상징이자 모순의 결집소였다.

우선 데카르트주의는 출발점이었다. 데카르트주의적 환경에서 사람들은 데카르트가 다루지 않았던 문제들을 다룰 때도 데카르트의 방법이나 데카르트의 방법이라 간주된 것의 영감을 따라 다루었다. 예를 들어 사람들은 망설임 없이 이성을 성서 독해의 기준으로 삼고자 했다.(그러나 이는 데카르트 학설의 문면에 반대되는 것이다.) 다음으로 데카르트주의는 상징이었다. 이

---

26 테오 페르베이크(Theo Verbeek)가 편집한 *La querelle d'Utrecht*, Les impressions nouvelles, 1988, 그리고 E. J. Bos, *The correspondance between Descartes and Henricus Regius*, thèse, Utrecht, 2002를 보라.

'데카르트주의'는 사실상 새로운 철학 전반에 걸친 것이었다. 가령, 람베르트 판 펠트하위선(Lambert Van Velthuysen)은 홉스주의를 표방했다. 마지막으로, 데카르트주의는 모순의 장소이기도 했다. 스승의 텍스트에서 보이는 난점들을 해소해야 했으며, 독해 내지 해법은 불일치할 수 있었다. 네덜란드학파 수학자들(판 스호턴(F. van Schooten))은 데카르트를 번역하고 이어 감으로써 과학의 비상을 뒷받침했다. 스피노자는 이 수학자들의 책을 소장했다. 스피노자의 서신에는 그가 과학적 문제들에 대해 당대인과 관심을 공유했음을 보여주는 편지가 상당수 있다 — 그가 화학 반응에 대해 보일 및 올덴부르크와 벌인 토론, 판 데르 메이르(Van der Meer)에게 보낸 확률에 대한 편지, 수학에 관한 토론 등이 그것이다. 출판된 책 이상으로 바로 이 편지들에서 우리는 스피노자가 당대의 문화에 몸담고 있었음을 보게 된다. 아울러 네덜란드적인 것은 국제적일 수밖에 없었는데, 왜냐하면 당시 네덜란드는 지식인 사회의 중심이었기 때문이다.[27]

---

27 Hans Bots et Françoise Waquet, *La République des lettres*, Paris-Bruxelles, Berlin-De Boekh, 1997를 보라.

17세기 말과 18세기 초 피에르 벨, 바스나주(Basnage)[28], 장 르클레르(Jean Leclerc)[29]가 작업하게 될 곳도 여기였다. 로크가 망명을 와서 『인간지성론』을 집필한 곳도 여기였다. 당시 네덜란드가 얼마간의 한계에도 불구하고 이루어낸 예외적인 용광로에서 "유럽 정신의 위기" 혹은 다른 누군가의 말처럼 계몽의 실질적인 서막이 열렸다.[30]

유대인과 마라노

스피노자는 암스테르담의 포르투갈계 유대인 공동체에서 태어났다. 이 공동체는 대부분 종교재판을 피해 이주해 온 이전의 '개종자'(conversos)로 형성되었다. 역사는 15세기 말로 거슬러 올라간다. 1492년 에스파냐의 가톨릭 군주들은 유대인에

---

28 [옮긴이 주] 프랑스 출신의 개신교 목회자이자 역사가.
29 [옮긴이 주] 제네바 출신의 성경학자.
30 P. Hazard, *La crise de la conscience européene*, Paris, 1935; Jonathan Israel, *Radical Enlightenment*, Oxford UP, 2001, 그리고 이 책의 프랑스어 번역본(Amsterdam, 2005)을 보라.

게 개종을 명한다. 이를 거부한 유대인은 나라를 떠났고 대다수는 포르투갈로 향했다. 이들은 몇 년 후에 포르투갈에서도 종교박해를 겪게 된다. 1492년이라는 해는 우연이 아니다. 이 해는 그라나다가 함락되어 이베리아 반도에서 최후의 이슬람 국가가 끝난 해이기도 하다. 에스파냐의 중세를 특징지었던, 때로는 갈등을 빚기도 했지만 풍부한 문화적 전이가 이루어졌던 종교적 공존이 끝난 것이다. 그 이후 에스파냐는 찬란한 문화로 빛나는 동시에(황금시대) 점차 폐쇄성을 띠게 된다. 특히 에라스뮈스주의와 종교개혁 운동에 대한 폭력적인 반동 이후 이 경향은 더 두드러진다.[31] 이런 맥락에서 이중적인 진화가 일어나는데, 이것이 역사에서 아주 특이한 현상은 아니다. 첫 번째 시기, 개종자들은 직위를 획득하고 에스파냐 사회에 자리 잡는다.(에스파냐에서 온 오로비우 드 카스트루(Orobio de Castro)가 다음과 같이 쓸 정도였다. "거기서는 거의 모든 사람, 그러니까 군주, 귀족, 백성의 대부분은 배교한 유대인의 후손이다.") 이와 동시에, 형편이 어려운 사회계층의 사람들은 이들 개종자에게 점차 적대적인 태도를

---

31 M. Bataillon, *Érasme en Espagne, Recherches sur l'histoire spirituelle du XVIe siècle*, Genève, Droz, 1937를 보라.

띠고 이들의 정당성을 문제 삼기 시작한다. 종교적 지평에서는 개종자를 공격할 수 없었기에(개종자들 역시 기독교인이 되었으므로), '개종자'의 유대적 기원과 연관된 불명예스러운 '오점'을 내세워 혈통 이데올로기를 만들어낸 것이다. 이를 바탕으로 그들은 '순수 혈통의 자격'을 표방하면서, '새로운 기독교인'[개종자]을 특정 직위로부터 배제하고 그들을 항구적인 의심의 올가미에 가두었다. 그러니까 기독교로 개종했다손 치더라도 한 번 유대인은 영원한 유대인이라는 것이다. 이 이데올로기는 에스파냐가 유럽 열강의 지위에서 탈락함에 따라 더욱 강화된다.[32]

  종교적 차원에서 보자면, 종교재판 당국은 개종을 인정하는 데 그토록 인색한 이론을 무턱대고 옹호할 수는 없었다. 그래서 종교재판은 개종한 기독교인에게 남아 있을 유대교의 흔적을 찾아보는 방식을 택했다. 종교재판의 압박은 16세기와 17세기에 뚜렷해졌다. 추격, 밀고, 고문에 의한 자백은 '마라노'(새로운 기독교인을 가리키기 위한 모욕적인 용어)의 (실제적이거나 가정된) 비밀 유대교가 가톨릭에 가져올 위험을 폭로해주

---

32 아메리코 카스트로(Americo Castro)의 (명확하며, 때로는 증명적이라기보다는 단정적인) 고전적 작업들을 보라. 보다 최근의 연구로는 시크로프(A. Sicroff)의 *Les controverses des statuts de pureté de sang*, Didier, 1960을 보라.

었다. 17세기 초부터, 혐의를 받거나 혐의를 받을 위험이 있던 사람 중 대다수는 함부르크나 암스테르담으로 도망치고 망명했다. 여기에는 해석의 문제가 있다. 종교재판 문서를 신뢰해야 할까? 여기에 어떻게 답변하느냐에 따라(또한 종교 의식(意識)을 어떻게 보느냐에 따라), 사람들은 결국 잠행하는 비밀 유대교에 의해 완전히 장악된 이베리아 반도를 떠올리거나, 혹은 정반대로 위조된 소송으로 시종일관 사이비-유대교를 조작해내는 종교재판을 떠올리게 된다.[33] 그러나 상황은 한층 복잡했을 법하다. 수십 년 동안 에스파냐에서 공식적인 유대교 교육이 가능하지 않았고 (게다가 유럽의 다른 지역에서 출판된 개신교 책과 여타의 수많은 책과 마찬가지로) 유대인 책이 금지되었던 이상, 개종한 기독교인이 가톨릭의 공식 담론 이외의 통로로 유대교에 대해 무언가를 배우기란 힘든 일이다. 가문에서 전승되는 몇몇 전통만이 ─ 그런 것이 있을 경우 ─ 그런 역할을 할 수 있겠지만, 이 역시도 세대를 거듭하면서 쇠퇴할 수밖에 없다. 다른 한편으로는 기독교 경전 자체가 구약에 접근할

---

33 첫 번째 가능성은 레바(Revah)의 것인데, 그는 종교재판 문서를 과도할 정도로 신뢰한다. 두 번째 가능성은 사라이바(Saraiva)의 *Inquisição e Cristãos nova*, Porto, 1969에 나타난다.

수 있는 통로가 되었다.(물론 모든 사람에게는 아닌데, 왜냐하면 트렌트 공의회 이후 세속인들에게는 대체로 성서를 직접 읽는 것이 권고되지 않았기 때문이다.) 이 기독교 경전에서 유대 율법에 대해 얼마간 배울 수 있다.(그러나 구전된 법이나 랍비 전통에 대해서는 아니다.) 종교적 일률성이라는 겉모양 아래에서 다각적 상황이 펼쳐질 수밖에 없었다. 아마도 어떤 이들은 진정한 종교보다는 자기 나름대로 이해한 전통들을 보존했을 것이고, 또 다른 이들은 비밀 유대교에 가입하거나 반대로 가톨릭에 가입했다.(카르멜(Carmel) 수도원에서, 그리고 특히 예수회 회원들이 그랬다.) 그러나 대다수 사람들은 너무 심각하게 문제를 제기하지 않고 기성 종교에 대한 순응주의에 만족했는데, 종교가 그들 활동의 중심은 아니라는 단순한 이유 때문이다.(모든 사람이 자기 삶의 이익을 해치면서까지 종교적 진리를 추구하리라고 믿는 것은 신학자나 전투적 반교권주의자들의 착각이다.) 아울러 어떤 이들은 여러 종교를 비교해본 끝에 전반적인 회의주의에 빠지기도 했을 것이다. 마지막으로 일부 에라스뮈스주의자는 기독교를 내부로부터 개혁할 수 있으리라는 희망을 한때나마 품어보기도 했다 — 하지만 이 입장은 16세기 말부터는 유지될 수 없었다.[34] 많은 이들에게 널리 공유된 것은 차라리 종교와 무관심, 그리고 미신의 혼합물이었을 법하며, 이것이 통상적인 종교 의식의 특징이다. 사람들은 다만 종교재판의 광풍에 떠밀려 이런 영역에 관심을 두게 되고, 이전에는 찾지 않았던 정체성을 드러낼 수밖에 없었던 것이다.

에스파냐와 포르투갈의 유산

이처럼 에스파냐 왕들의 결정에서 연원한 공동체를 '포르투갈 공동체'라고 부르는 까닭은 무엇인가? 이들이 리스본, 포르투, 코임브라를 떠나온 포르투갈계 유대인이기 때문이다. 물론 이들 가문이 몇 세대 이전에는 에스파냐에서 건너오긴 했지만 말이다. 여하튼 암스텔 강변에 수립된 공동체는 이베리아 반도의 풍부한 문화를 챙겨 왔다. 이 유산은 실은 이중적인데, 이 이중성은 이베리아 반도의 문화사에 기인한다. 이 공동체는 계속해서 에스파냐어와 포르투갈어를 — 일상생활에서는 포르투갈어를, 문화어로는 에스파냐어를 사용한 것이다.(물론 여기에

---

34 우리엘 다 코스타가 자서전에서 자기 아버지가 '진정한 기독교인'이었다고 말할 때, 그는 아마 이런 종류의 입장을 시사했을 것이다. Jean-Pierre Osier, *D'Uriel da Costa à Spinoza*, Berg International, 1984를 보라.

도 예외가 있었으며, 특히 초기에 그랬다. 우리엘 다 코스타를 둘러싼 논쟁은 포르투갈어로 전개되었고, 신의 섭리에 대한 모르테라(Mortera)의 책은 포르투갈어로 쓰였다.) 스피노자의 책장에 포르투갈어로 된 저작은 없었다. 이베리아 반도와의 연관성을 간직한 문학 활동도 존재했다.(에스파냐어 문법책과 시집들이 출판되었다.) 암스테르담 공동체는 종교로서의 가톨릭을 버렸고 에스파냐를 '우상숭배의 땅'으로 취급했지만, 문화적 준거로서의 에스파냐를 버리지는 않았다. 이 때문에 집단 기억에는 뒤섞인 추억이 남아 있다. 게다가 몇몇 예외를 제외하면, 구 마라노는 에스파냐로부터 곧장 오지는 않았다. 이들의 가족은 포르투갈을 경유했으며, 따라서 도주와 박해에 대한 가까운 기억은 포르투갈과 결부되어 있었다. 그 반동으로 에스파냐와 관련된 기억은 미화되곤 했다. 당대의 사건 때문에 에스파냐도 억압적이었음을 상기하게 될 때를 제외하면 말이다. 예를 들어, 공동체는 코르도바에서 순교당한 아브라함 누녜스 베르날(Abraham Nuñez Bernal)을 기념하는 『송사』를 출판했다. 마찬가지로, 단지 성서만 읽고도 유대교로 개종했던 '과거의 기독교인' 로페 데 베라(Lope de Vera)가 화형당한 사건은 전 유럽에 반향을 일으켰다.(스피노자는 알베르트 뷔르흐(Albert Burgh)에게 보내는 편지에서 이를 인용한다.)

이 두 유산 사이의 비대칭은 충분히 연구되지 않았을 것이다. 포르투갈은 60년(1580~1640) 동안 에스파냐의 지배를 받았고, 에스파냐는 자신의 문화를 강요했는데, 특히 올리바레스(Olivarès) 공작의 통치 때가 그랬다. 반란이 일어나 포르투갈 왕국은 재건되었다. 지복천년설파의 강경한 한 분파는 세바스티안 왕이 무어인에 맞선 전투(1578)에서 신비스럽게 사라졌다는 믿음과 결부되어 있다. 익히 알려진 도식대로 왕은 몸을 숨겼고 언젠가는 자기 백성에게 권력을 돌려주러 돌아올 수밖에 없다고들 여긴 것이다. 아마 이 유산은 17세기의 다른 메시아주의나 지복천년설에 영향을 미쳤을 것이다. 이 점은 고전 시대를 일방적인 '합리주의' 시대로 바라보기 때문에 자주 경시되는 유럽 사상사의 한 요소이다. 포르투갈 출신의 안토니우 비에이라(Antonio Vieira) 신부의 저작은 이런 경향을 잘 묘사하고 있다.

제도와 갈등

가톨릭에서 개종하여 유대교로 되돌아온 사람들은 유대교

에 대해 잘 알지 못했다. 따라서 이들에게는 다른 곳, 특히 빈에서 온 랍비들이 필요했다. 이들은 암스테르담에 중요한 공동체를 세웠다. 이 공동체는 유력인사들이 지배했는데, 이들은 네덜란드 기독교 유력인사와 여러모로 닮았지만 종교 사제들에게 자신의 권위를 훨씬 잘 관철시켰다. 1639년에는 세 그룹이 하나의 공동체(탈무드 토라)로 통합되었다. 다분히 강압적이었던 규칙(아스카모트(ascamot))에 따라 권력은 파르나심(parnassim, 매해 새로 뽑히는 유력자)에게 부여되었고, 랍비들은 부차적인 역할만을 맡았다. 추방(종종 '파문'으로 번역되는 헤렘(herem))은 공동체를 이끄는 원로회인 마하마드(mahamad)의 결정을 따르도록 만드는 무기였다. 효과적인 교육 시스템 역시 수립되었다. 중등학교인 에츠하임(생명의 나무)은 1636년에 세워졌다. 문화생활은 케테르 토라(Keter Torah, 왕관) 학당에 의해 보완되었다.

공동체에는 비중 있는 이데올로그들이 있었는데, 이들의 지위, 문화적 준거, 표현양식은 각자 매우 달랐다. 이삭 아보압 드 폰세카(Isaac Aboab de Fonseca)가 있었고, 사울 레비 모르테라(Saul Levi Mortera)가 있었다. 모르테라는 탄탄한 이론적 정합성을 띤 저작, 『모세 율법의 진리에 대한 논고Traité de la Vérité de la loi de Moïse』[35]의 저자이자, 케테르 토라 학당의 설립자였다.

카발라[36]를 신플라톤주의적으로 해석한『천상의 문*La Porte du Ciel*』의 저자 아브라함 코헨 에레라(Abraham Cohen Herrera)가 있었고, 보다 수사학적인 영역에 서 있었던 므나세 벤 이스라엘(Menasseh ben Israel)이 있었으며, 좀 더 나중의 인물로는 오로비우 드 카스트루[37]가 있었는데, 그는 장차 항변파 림보르흐(Limborch)[38]와 대화할 것이다. 마지막으로 호교론자 아브라함 페레이라(Abraham Pereyra)가 있었다.

유대인들은 여러 이유로 기독교 박사들의 관심 대상이었다. 이들을 개종시킨다는 것이 전통적인 명분이었지만, 그것이 가장 중요한 사항은 아니었다. 칼뱅주의자들은 유대인을 히브리 전통의 매개체로 보았는데, 히브리 전통을 아는 것은 '오직 성서에만'[39] 의거하려는 교파에게는 핵심 사항이었다.(히브리 연구

35　H. P. Salomon에 의한 교정판, Universidade de Coimbra, 1998.

36　[옮긴이 주] 유대교의 신비주의적 교파의 교리를 기록한 책.

37　Y. Kaplan, *From Christianity to Judaism. The Story of Issac Orobio de Castro*. Oxford UP. 1989을 보라.

38　Philipp de Limborch, *De Veritate religionis christianae amica collatio cum erudito judaeo*, Gouda, 1687(재편집, Gregg International, 1969) 바로 이 저작에서 우리엘 다 코스타의 *Exemplar humanae vitae*가 처음으로 등장했다.

39　[옮긴이 주] 성서 해석의 방법. 이는 성서 내에서 불일치하는 구절들을 신비로운 것으로 내버려두지도 않고, 그렇다고 불합리하다고 이성적으로 판단하지 않고, 오직 성서

는 콘스탄테인 렘프뢰르(Constantijn l'Empereur) 같은 학자들 덕분에, 바젤에서는 북스토르프(Buxtorf) 가문 덕분에 발전했다.) 지복천년설론자와 퀘이커교도는 유대인에게서 계시를 기다렸다. 또한 그들이 유대인에게서 개종의 동기를 발견하고자 했다면, 이는 그들 교리 특유의 이유 때문이었다. 유대인의 개종은 최후의 날이 도래했음을 알려준다는 것이다.

포르투갈 공동체는 네덜란드 사회에 잘 이식되었고, 공고한 제도와 눈부신 문화, 네덜란드 식자들이 대화 상대자로 인정한 무게감 있는 지식인들을 갖추었다. 이처럼 포르투갈 공동체는 성공의 모든 조건을 갖춘 듯 보인다. 그러나 이 공동체의 지적 삶은 상당한 위기를 겪었다. 가장 심각한 것으로는 몇몇 의례에 이의를 제기함으로써 처음의 공동체를 해체시켰던 아브라함 파라르(Abraham Farrar)가 불러온 위기가 있다. 또한 구전되어온 율법의 권위를 의문시하고, 그런 후 자연법을 옹호하면서 계시를 쓸모없게 만드는 방향으로 나아갔던 우리엘 다

의 다른 구절들과의 관계만을 통해 해석하는 방법이다. 동일한 방법으로 스피노자가 『신학정치론』 7장에 제시하는 방법과 칼뱅주의를 비롯한 개신교의 방법 사이의 차이에 대해서는 이 책 125~126쪽을 보라.

코스타가 불러온 위기(1633~1639)도 있다.[40] 마지막으로 프라도와 스피노자가 불러온 위기(1656)가 있다. 사후에 겪는 고통의 영원성을 둘러싸고 벌어진 이삭 아보압과 모르테라의 논쟁(1636)도 덧붙여야 하리라. 이 논쟁을 보면 이전에 마라노였던 자들의 상황과 관련된 관심사가 필시 드러나게 된다. 타 종교로의 개종이 가장 큰 죄라면, 도주할 기회가 없어 기독교인으로 살다가 죽은 부모들의 영혼은 어떻게 될 것인가?

이 위기들을 어떤 사람들이 생각하듯이 '마라노 심성'이 작용한 것으로 해석해야 할까? 그러니까 종교적 위장과 이중 언어에 강제로 길들여진 분열된 의식의 결과로? 수많은 상이한 위기들을 하나의 심리적 인과관계로 환원하기는 어렵다. 종교적 위장이 16세기와 17세기에 널리 퍼진 현상이었다는 점(니고데모주의를 생각해보라),[41] 그리고 신앙을 바꾸는 일은 복잡한 여정의 중간에 일어나는 개인적 선택이기도 했다는 점을 강조할 필요가 있다. '오직 성서만으로'의 원칙을 신봉하는 주변의 칼뱅주의의 압력 역시 구전된 법[탈무드]을 지키는 데 그리 유리

---

40 우리엘 다 코스타의 *Examen das tradições phariseas*는 H. P. Salomon이 재발견하여 출판했다.(Brill, 1993)

하지 않았을 것이다. 가톨릭 세계와의 단절이 그랬던 것처럼 말이다. 게다가 이와 같은 지적 파노라마를 완결시키려면 의학적 유물론도 염두에 두어야 한다 — 이단적인 기독교인들에게서도 그랬듯이, 이 세계에서도 의사들은 특수한 지적 역할을 했다.

그러므로 스피노자는 결코 폐쇄된 환경에서 오지 않았다. 그는 분열된 문화를 가진 공동체에서 나왔다. 에스파냐의 유산과 포르투갈의 유산으로 분열된 문화, 가톨릭의 흔적, 칼뱅주의자 및 종파들과의 논쟁, 유대 정체성의 긍정 사이에서 분열된 문화를 가진 공동체, 유대적 기원을 가졌으나 기독교 세계에 둘러싸여 이 세계와 교류하던 공동체에서 나온 것이다.[42]

---

41 이미 칼뱅은 『니고데모주의자들에게 보내는 변명』을 출판했다. 여기서 칼뱅은 종교개혁가들이 내세운 명제들이 옳다는 것을 알면서도 어떤 불일치들은 아디아포라(adiaphora)[좋을 수도 나쁠 수도 있는 중립적인 것]에 포함되며 [가톨릭과의] 공적 결별을 정당화하지 못한다고 평가하면서 여전히 가톨릭 진영에 남아 있는 사람들을 비판한다. 이에 대해서는 Carlo Ginzburg, *Il nicodemismo, simulazion e dissimulazione religiose nell'Europa del'500*, Turin, 1970을 보라. [옮긴이 주] '니고데모주의자'는 칼뱅이 겉으로는 가톨릭을 표방하면서 실제로는 개신교를 믿는 신자들을 가리키기 위해 사용한 용어. 겉으로는 유대교에 충실한 랍비였지만 실제로는 예수의 가르침을 받았던 바리새인 '니고데모'에서 따온 말이다.

42 이에 대해서는 *Cahiers Spinoza 3*에 실려 있는 Spinoza et les Juifs d'Amsterdam을 보라. 또한 Gabriel Albiac, *La synagoge vide. Les sources marranes du spinozisme*, PUF, 1994.

교육, 단절, 환경

미카엘 데 스피노자에게는 다섯 아이가 있었다. 그의 가족은 가난하지 않았지만 말년에 사업이 기울었던 것 같다. 여하튼 그의 아들은 공부를 했다. 아이는 탈무드 토라 학교에 드나들었지만 고등교육까지 받은 것은 아니다. 초기의 스피노자 전기 작가들이 생각한 것과 달리, 그가 랍비가 되기로 정해져 있었던 것도 아닌 것 같다. 그는 아버지 회사에서 일했으며, 가업을 물려받아 동생 가브리엘과 함께 1659년까지 일했다.

그다음 무슨 일이 일어났는가? 여러 가설이 가능하다. 좌우간 그는 1656년에 특별히 가혹한 헤렘을 받고 시나고그(유대교 회당)에서 쫓겨났다. 헤렘이라는 절차는 보통 임시적이며 그 목적도 온갖 종류의 일탈의 징계였던 데 반해, 이 경우에는 불가역적이었으며 불경스러운 의견과 행동에 대해 말하고 있다. 그러므로 이단에 대한 소송이었던 셈이다. 같은 날, 프라도는 재판정에 가서 자신의 과오를 고백했다 ─ 그러나 선고유예를 받았을 뿐이었고, 프라도 역시 다음 해에 쫓겨났다. 우

또한 Y. Yovel, *Spinoza et autres hérétiques*, Le Seuil, 1991 역시 보라.

리에게는 (파문을 선고하는 텍스트 말고도) 이 사건을 말해주는 세 문서가 있다. 우선 고발 문서, 다음으로 몇 해 지나 프라도가 공동체에 되돌아오길 희망한다는 소문이 돌 때 오로비우드 카스트루가 쓴 (욕설로 점철된 편지인) 반박문, 마지막으로 이미 1659년에 프라도와 스피노자를 만났던 두 에스파냐인이 종교재판에 제시한 공술서가 있다.[43] 누가 스피노자를 '꾀어냈는지'에 대해서는 설이 분분하다. 프라도인가?(젬하르트, 그다음에 레바는 그렇게 본다.) 반대로 프라도의 의심을 정합적으로 만들어준 사람이 스피노자였을 수도 있다.(요벨의 생각이다.) 마지막으로, 아마도 다른 곳에서, 그러니까 데카르트주의나 이단적인 개신교도들, 아니면 판 덴 엔던과 같은 자유사상가들에게

---

43 성 도미니크회 수도사인 토마스 솔라노(Tomas Solano)와 선장이었던 페레스 데 말트라니야(Perez de Maltranilla)는 암스테르담에서 프라도와 스피노자를 자주 방문했다. 그들은 마드리드로 돌아와서 종교재판에서 모든 것을 이야기했다. 그들은 프라노와 스피노자가 다음과 같이 선언했다고 전한다. 신은 오직 철학적 의미에서만 존재하고, 영혼은 신체와 함께 죽으며, 유대법은 틀렸고, 가르칠 만한 가장 좋은 율법이 무엇인지 찾고 있다고 말이다. 그러므로 이는 무신론 선언이 아니다. 이는 계시종교에 대한 거부이자 모색에 대한 선언이다. 토마스 솔라노는 이 입장을 곧바로 '무신론'과 동일시했는데, 왜냐하면 전문 신학자가 보기에 유대인도 기독교인도 (이교도도) 아닌 사람은 '무신론'에 포함되기 때문이다. 반대로 페레스 데 말트라니야는 미리 정해진 해석 규범을 가지고 있지 않았기에, 두 이단자의 말을 보다 충실하게 옮겼을 것이다.

서 스피노자가 영감을 받아 유대교와 단절했을 수도 있다. 이 가설들 중 어느 하나로 분명히 결론짓기보다는 현존 문서들을 들여다보는 편이 낫다. 이 문서들은 유대 종교에 대한 내적인 의심과 동시에, 인간이 따라야 할 법에 대한 (아마도 두 번째 단계에 떠올랐을) 물음들을 담고 있다. 이 법이 만일 모세의 법이 아니라면, 그 자리에 오는 것은 또 다른 계시종교인가? 1659년[공술서]의 대답은 다음과 같다. "단지 철학적인 신만이 있다"고. 대화 상대자가 이 표현을 잘 이해하고 옮겨 적었다면, 이는 무엇보다도 스피노자가 자신의 선행자들 가운데 어느 누구도 하지 않았던 일을 하고 있음을 의미한다. 그는 터를 바꾼다 — 다른 사람들이 정통적이거나 이단적인 종교 교리에서 찾는 것을 스피노자는 철학에서 찾는다. 실제로 우리는 현재 남아 있는 처음의 편지들(1661)에서부터 스피노자가 당시 집필 중이던 자기 책을 서신 교환자에게 바로 이 용어로, 즉 "나의 철학"으로 표현함을 확인하게 된다.

스피노자는 유대인 이단자들 외에 어떤 환경을 드나들었을까? 우선 그는 확실치 않은 어떤 시기에 (아마도 헤렘 이전부터, 그리고 헤렘 이후에는 확실히) 프란시스코스 판 덴 엔던의 학교를 드나들었다. 이 학교에서 그는 라틴어를 배웠고, — 라틴어를 통해 – 그때까지 그에게 결여되어 있던 고전 문화 전반을 배웠는데, 이는 사실상 스피노자가 지식인 사회와 대화하는 데 필수적인 조건이었다. 그의 라틴어는 테렌티우스, 살루스티우스, 타키투스로부터 가져온 표현, 때로는 구절 전체가 큰 비중을 차지할 것이다. 예수회 출신이었던 판 덴 엔던은 몇 가지 교수법을 고수했다. 가령, 그는 학생들에게 라틴어로 된 희극을 공연시키곤 했다. 테렌티우스의 『환관*Eunuchus*』에 등장하는 파르메논 역을 스피노자가 수없이 인용하는 것을 확인할 수 있으며, 그래서 스피노자가 혹시 이 배역을 맡지 않았을까 생각해볼 수 있다.

스피노자는 판 덴 엔던의 학교에서, 혹은 아마도 상업 활동을 계기로 해서도, 자유로운 정신의 소유자들을 알게 되었다. 이들은 각기 다양한 종파와 결부되어 있었지만 (야리흐 엘러스, 피터르 발링(Pieter Balling)처럼) '학식 있는 상인들'의 모델과 부합하거나 (로데베이크 메이어르, 바우메이스터르(Bouwmeester)처럼) 의사들이었다. 이들은 데카르트에 대해, 새로운 과학에 대해, 종교에 대해, 철학에 대해 토론을 벌였다. 이 모임은 스피노자의 첫 번째 청중이었다. 스피노자는 이후 이들을 위해, 적어도 그중 일부를 위해 『소론』을 집필할 것이다.

최근의 연구들은 스피노자가 1657년에 퀘이커교 선교사 윌리엄 에임스(William Ames)를 만났고, 마거릿 펠(Margaret Fell)이 유대인을 대상으로 ─ 퀘이커교도에게는 유대인의 개종이 시대의 종말을 알리는 징후 중 하나임이 틀림없었기 때문에 ─ 쓴 텍스트를 스피노자가 에임스를 위해 히브리어로 번역해 주었으리라고 생각할 여지를 남겼다. 이 가설은 개연성이 상당히 떨어진다.[44] 그렇지만 윌리엄 에임스의 모험은 1650년과 1660년 사이 암스테르담을 지배한 종교적 탐구의 분위기를 잘 보여준다. 똑같은 분위기로 안토니우 몬테지노스(Antonio Montezinos)의 체류도 언급해야 한다. 그는 이스라엘의 사라진 10부족의 후손들을 아메리카 대륙에서 만났다고 떠벌렸는데, 그의 극적인 이야기는 므나세 벤 이스라엘이나 존 듀리(John Dury) 같은 영국의 개신교도 둘 다에 영감을 불어넣게 될 것이다.[45] 마지막으로, 종교적 요동과 관련하여, 1666년의 '거짓 메

---

44 에임스는 '퀘이커교도의 여왕'인 마거릿 펠에게 편지를 보내 "암스테르담에는 유대인들로부터 쫓겨난 유대인이 있습니다"고 말한다. 그리고 이어지는 편지들에서 자기가 이 유대인에게 번역 일을 제공했다고 말한다. 폽킨(R. Popkin)은 이 문서들을 과잉 해석한 것 같다. (이 유대인이 스피노자라는 사실을 밝혀주는 증거는 없다.)

45 Menasseh ben Israel, *Espérance d'Israel*, Vrin, 1979(서문, 번역, 주석은 나옹(G. Nahon)과 메수랑(H. Méchoulan)이 제시)을 보라.

시아' 사바타이 체비(Sabbathai Zvi)의 사건이 북유럽에도 반향을 미쳤다는 것 역시 기억할 필요가 있다.[46] 암스테르담의 수많은 유대인들은 열광했으며, 재산을 팔아 길을 떠났다 ― 그러나 베네치아에서 메시아의 배교 소식을 듣고 멈춰 섰다. 여기서도 사람들은 메시아에 대한 기다림을 네덜란드에서의 지복천년 설론자들의 확산과 연관시키려고 시도하곤 했다. 게다가 기독교인들은 이 이야기에 관심이 있었다.(올덴부르크는 이를 아주 심각하게 받아들여 스피노자에게 관련 소식을 묻는 편지를 보내기도 한다. 스피노자의 답장은 발견되지 않았다.)

콜레히안과 소치니파

---

46 게다가 유대주의 연구자인 게르숌 숄렘(G. Scholem)은 리더인 사바타이 체비가 이슬람으로 개종했음에도 불구하고, 오히려 개종한 이후에, 사바타이주의가 성공한 까닭을 마라노 심성에서 찾았다. 또한 메시아가 종말론적인 이유에서 거짓 종교로 개종해야 한다면, [가톨릭으로 개종한 에스파냐 유대인인] 새 기독교인들 역시 같은 이유에서 그렇게 했을 뿐이라고 정당화된다. [옮긴이 주] 사바타이 체비는 오스만 투르크 제국에서 살던 유대인으로 1666년 세상의 종말과 메시아의 도래를 설교하고, 자신이 그 메시아라고 주장했다. 사바타이주의에 대해서는 헨리 올덴부르크가 스피노자에게 보낸 「편지 32」에도 언급되어 있다.

콜레히안의 활동도 이런 분위기를 입증한다. 항변파는 도르트레흐트 종교회의 이후 목사를 더 이상 두지 않은 채 '회합'이라는 뜻의 '콜레헤스'(colleges)에 모이곤 했는데, 이후 콜레헤스는 종교개혁에 참여했던 다른 집단의 성원도 받아들인다. 판데르 코더(Van der Kodde) 형제가 레이던 북부의 마을 바르몬트에서 최초의 콜레헤스를 설립했다. 나중에 콜레히안의 중심지는 스피노자가 1660년이나 1661년에서 1663년까지 살았던 레이던 근처의 레인스뷔르흐로 옮겨 간다 – 하지만 콜레히안과 스피노자 사이에 이런 지리적 인접성 너머에 실질적 연관이 있음을 보여주는 자료는 없다.

콜레히안의 텍스트나 교리를 분류하는 일은 때론 어렵다. 이들은 합리주의자인가? 아니면 영성주의자인가? 모든 것은, 가령 '빛'이라는 용어에 어떤 의미를 부여하느냐에 따라 달라질 수 있다.(피터르 발링의 책 『촛대 위의 빛*La Lumière de la candélabre*』이 이런 경우다.) 이때 '빛'은 자연적 빛인가? 아니면 성령의 영감인가?[47] 여하튼 이런 환경은 사상, 영향, 번역본들이 상당히 자유

---

47 이 모든 문제들에 대해서는 C. B. Hylkema, *Réformateurs*, Haarlem, 1900. 또한 Kolakowski, *Chrétiens sans Église*, Gallimard, 1969를 보라.

롭게 오고 가는 지적이고 영적인 활동을 나타낸다.

　이런 시대 분위기에서 소치니파가 했던 역할도 무시해서는 안 된다. 소치니파의 연원은 16세기에 있었던 이탈리아 인문주의자 렐리오 소치니 및 파우스토 소치니와 폴란드의 반삼위일체파의 만남이다. 흔히 이야기되는 것과는 반대로, 이들이 단번에 종교 문제에 관해 합리주의자가 된 것은 아니다 – 오히려 첫 세대는 문자 그대로 해석하는 직해주의자들이었다.(스피노자는 「편지 21」에서 이런 각도에서 그들을 언급한다.) 이들은 그리스도를 따른다고 표방하지만 그리스도의 신성은 인정하지 않는다.(이 입장은 스피노자의 입장과 유사한 면이 없지 않다.) 나중에 이르러서야 이들은 창시자의 손자 비쇼바티(Wiszowaty)가 명명한 종교적 합리주의 비슷한 것을 옹호하게 된다.[48] 그들의 텍스트 모음집은 홉스, 스피노자, 메이어르의 저술들과 같은 시기에 네덜란드 법정에서 단죄받는다. 그 이후 그들은 모두 함께 종종

48　Jean-Pierre Osier, *Faust Socin, ou le Christianisme sans sacrifice*, Cerf, 1996; Z. Ogonowski가 출판한 Andreas Wissowatius의 *Religio rationalis*, Harrassowitz, 1982를 보라. 스피노자의 책장에는 소치니파인 산디우스가 저술한 교회사가 있었다. 스피노자는 「편지 76」에서 교회사에 대해 알베르트 뷔르흐와 대립되는 인식을 제시하는데, 그 인식은 아마도 이 책에서 얻었을 것이다.

이신론의 선조라고 공격받게 될 것이다. 이들의 교리와 스피노자 철학을 대조하는 작업은 필경 아직까지 별로 이루어진 바가 없을 것이다.[49]

데카르트주의

스피노자가 시나고그에서 쫓겨난 후 6년간의 삶에 대해서는 거의 알려진 바가 없다. 1659년 종교재판에서의 증언이 있었고, 특정되지 않은 어떤 날에 레인스뷔르흐로 이사했던 것 정도가 알려져 있을 뿐이다.(그의 이름으로 쓰인 편지 중 남아 있는 첫 번째 편지의 날짜는 1661년 여름이다.) 바로 이 시기에 그의 철학 체계가 구축되었다. 이 체계는 올덴부르크와 서신 교환을 시작하는 시기에 이미 거의 대부분 구축되어 있었던 것으로 보인다. 우리는 스피노자가 이 시기에 과학적 인식, 라틴 문화의 통달, 『신학정치론』과 『정치론』에 등장하는 역사적이고 정치적

---

49 하지만 H. Méchoulan, Morteira et Spinoza au carrefour du socinianisme, *Revue des études juives*, 135, 1976, pp. 51~65가 있다.

인 정보들을 이미 획득했거나 계속 획득하는 중에 있었으리라 가정해볼 수 있다. 그는 자신이 만났던 이단적 데카르트주의자 집단과 교류했고, 자신이 경험한 다양한 사상의 흐름에 반응하면서 자신만의 종합을 일구어 갔다.

1661년 5월, 덴마크인 화학자 올라우스 보르크(Olaus Borch)는 네덜란드를 여행하면서 일기장에 누군가가 자신에게 말한 것을 (스피노자를 거명하지는 않은 채) 기록하고 있다. "암스테르담에는 무신론자들이 있고, 그들 중 다수는 데카르트주의자들인데, 그중 한 명은 유대인 출신의 건방진 무신론자"라고. 1662년 4월, 그는 판 덴 엔던에 대해, 또 네덜란드어로 된 한 저술(아마도 『소론』)에 대해 언급한다.

1661년 7월 올덴부르크가 스피노자를 방문한다. 둘은 신, 신의 속성들, 데카르트와 베이컨에 대해 논의한다. 8월, 그들은 같은 주제에 대해 서신 교환을 시작한다. 10월, 올덴부르크는 스피노자에게 보일(Boyle)의 책을 보내고, 이 책에 대해 스피노자는 (「편지 5」와 「편지 6」의) '관찰 사항'으로 답한다. (날짜는 없지만 1661년 말로 추정되는) 「편지 7」에서 올덴부르크는 스피노자에게 '신학과 철학에 대한 저술'을 출판할 것을 종용한다. 특징적인 점은 올덴부르크가 스피노자에게 데카르트와 베이컨 둘 다에 대해 묻는다는 점이다. 데카르트와 베이컨 모두 아리스토텔레스와 맞서 싸우는 '새로운 철학' 운동을 대표하는데, 이 철학은 새로운 자연학에 대한 성찰을 기반으로 세워진다 ― 역으로 이 철학의 이론적 성취는 새로운 자연학의 발전에 기여할 수밖에 없다. 데카르트와 베이컨이 유통시킨 범주들은 둘 사이의 불일치에도 불구하고 케플러와 갈릴레이의 역학 및 천문학 개념들에 부응하는 것으로 받아들여졌다.

1663년 스피노자는 한 학생에게 강의한다. 이 학생은 나중에 네덜란드 식민지에서 목사로 활동할 카세아리우스(J. Casearius)다. 스피노자는 한 편지에 자신은 이 학생에게 자신의 철학을 가르치지 않고(그는 이 학생이 그래도 될 만큼 성숙했다고 보지 않았다) 데카르트의 철학을 가르쳤음을 시사한다. 같은 시기, 스피노자의 친구들은 암스테르담에 모여 "기하학적 방식으로" 집필된 그의 철학을 읽고 토론한다. 카세아리우스에게 구술한 텍스트는 『원리』 작성의 기초가 되는데, 여기에 『형이상학적 사유』가 부록으로 추가된다. 스피노자는 이 책의 출판으로 관심을 끌어 향후 자기 자신의 철학을 알릴 수 있기를 바랐음을 숨기지 않는다. 이 책의 출판은 성공이기도 했고 실패이기도 했다. 관심을 끌었지만 의혹도 샀기 때문이다. 상인이면서

틈틈이 신학 연구를 했던 블레이은베르흐와 그 당시 시작한 서신 교환이 그 증거인데, 그의 질문들은 『원리』를 읽고 촉발된 것이다. 이 (들뢰즈의 표현에 따르면) '악에 관한 편지들'은 새로운 철학과의 토론에 개방적이고자 했던 칼뱅주의 신학 — 블레이은베르흐는 아둔한 반동이 아니었다 — 과 새로운 철학에 대한 급진적인 해석 사이의 거리를 보여준다. 후에 블레이은베르흐는 『신학정치론』과 『윤리학』에 대한 반박문을 출간할 것이다.

스피노자의 저술 가운데 『원리』가 처음 출판되기는 했지만 처음 집필된 책은 아니다. 그는 이전에(1659년과 1662년 사이?) 두 저술을 썼을 것으로 추정되는데, 그것들은 그의 사후에야 출판된다. 그중 하나는 미완으로 남을 것이었으며, 유고를 편집한 그의 친구는 여기에 『지성교정론』이라는 제목을 붙일 것이다. 다른 하나는 『소론』이라는 제목으로 19세기에 출간된다. 이 저술들 역시, 그중에서도 『지성교정론』의 지평은 데카르트적이다. 스피노자가 이 저술들에서 데카르트의 제자로 자처하기 때문이 아니라, 이 저술의 어휘, 주제(방법), 문제의식이 부분적으로 데카르트 사상을 물려받거나 그것과 대결하고 있기 때문이다. 스피노자가 구축 중이던 철학은 데카르트를 대화 상대자로 삼았고, 다소 이단적인 데카르트주의자들 — 오늘날의 연구자는 이들을 '데카르트-스피노자주의자'라고 부른다[50] — 을 청중으로 삼았던 것이다.

신학과 정치

스피노자는 아주 일찍부터 개신교 목사들로부터 무신론자라는 공격을 받았다. 마찬가지로, 스피노자와 서신 교환을 시작한 블레이은베르흐는 이내 그를 무신론자로 의심하기에 이르렀다. 한참 후에 블레이은베르흐는 자기가 스피노자와 편지를 주고받았을 때(1665년) 스피노자가 자기 앞에서 정치적 성격의 종교관을 개진했었다고 쓸 것이다. 용어는 다르지만, 1665년과 1670년 사이 스피노자를 만났던 생-에브르몽(Saint-Évremond)[51]은, 스피노자에 의하면 신이 자연적인 경로를 통해 기적을 행하며, "신이 종교를 명한 것은 정의와 자비를 준수하

---

50 이에 대해서는 루이서 테이슨-스하우트(C. Louise Thijssen-Schoute)와 휘벌링(H. Hubbeling)의 작업을 보라.

51 [옮긴이 주] 영국으로 추방당한 프랑스 출신의 에피쿠로스주의자.

게 하고 복종을 종용하기 위해서"라고 기억한다. 다른 이들은
이런 입장을 더 극단적으로 해석한다. 1665년, 한 목사의 교체
를 둘러싼 논쟁을 기회로, 포어뷔르흐의 일부 주민은 스피노
자를 "일체의 종교를 비웃는 무신론자이자 이 공화국에 해로
운 존재"로 고발한다.

　이런 비난이 과연 어디까지 나아갈 수 있는지는 아드리안
쿠르바흐 재판이 잘 보여준다. 『신학정치론』이 이미 집필 중인
상황에서, 1668년 스피노자의 지인인 쿠르바흐는 자신의 원
고『어두운 곳에서 빛나는 한줄기 빛』의 출판을 의뢰했다가 출
판업자에게 고발당해 감옥에 갇힌다.(이 원고는 20세기가 되어서야
법원문서 보관소에서 재발견되어 출판된다.)[52] 물론 이 책이 특별히 과
격하게 기독교를 공격하기는 했다. 그러나 쿠르바흐를 심문한
재판관들이 무엇보다도 애썼던 것은, 스피노자가 적어도 조언
의 형태로라도 텍스트 작성에 관여했다고 털어놓게 하는 것이
었다 - 쿠르바흐는 이를 완강하게 거부한다. 그는 10년의 금
고형을 선고받았고 이듬해 감옥에서 죽었다. 여기서 네덜란

52　*Een Ligt schijnende in duystere plaatsen*, éd. H. Vandenbossche에 의한 교정판, Bruxelles, 1974.

드의 관용이 지닌 한계를 알 수 있다. 이런 한계를 보여주는 또 다른 사례가 몇 년 후에 일어난다. 어떤 출판업자가 요하네스 다위케리우스(Johannes Duijkerius)의 '스피노자적' 실화소설인 『필로파테르의 삶 *Vie de Philopater*』을 출판했다는 이유로 감옥에 갇히는 것이다.[53]

이러한 비판들에 맞서, 또한 자기 사상의 전개의 일환으로, 스피노자는 『신학정치론』 집필에 몰두했다. 1665년 9~10월 쯤, 스피노자는 올덴부르크에게 보내는 편지[편지30]에서 자기가 성서를 바라보는 방식에 대한 논고를 작성하고 있다고 말한다. 스피노자의 설명에 따르면, 자신이 하려는 것은, 사람들이 철학에 열중하지 못하도록 방해하는 신학자들의 편견을 비판하는 것, 그리고 자신을 무신론으로 고발하는 우중의 비난을 반박하는 것, 마지막으로 무슨 수를 써서라도 철학할 자유를 지키는 것이다. 집필 자체는 훨씬 전에 시작되었을 수도 있

---

53 소설과 그 후속편은 제라르딘 마레샬(Gerardine Maréchal)이 서론을 덧붙여 재편집했다.(Amsterdam, 1991) 쿠르바흐의 저술이나 『필로파테르의 삶』 모두 네덜란드어로 집필되었음에 유의할 필요가 있다. 스피노자가 직접적으로 고소당하지 않았다면, 그 이유는 그가 라틴어로만 출판했기 때문이었을 수 있다. 누군가 『신학정치론』을 일상어인 네덜란드어로 번역하고 있다는 것을 알아챘을 때 스피노자는 곧바로 번역에 반대한다. (「편지 44」)

다. 왜냐하면 네덜란드의 두 귀족이 1660년대 초반에 주고받은 편지는 자연법과 실정법의 관계를 다루는『신학-정치 소고*libellus theologico-politicus*』를 언급하고 있기 때문이다.(그러나 저자의 이름은 언급되지 않는다. 따라서 이것이 스피노자 저작의 첫 번째 버전인지 아니면 사라진 동명의 텍스트인지 여부는 무시하자.)『신학정치론』은 1670년, 갖가지 이단 서적을 출판했던 얀 리우베르츠(Jan Rieuwerts)의 서점에서, (함부르크라는) 거짓 출판 장소를 단 채 당연히 익명으로 출판되었다.『원리』처럼 이 책도 성공인 동시에 실패였지만, 이번에는 규모가 커졌다. 우선 성공이다. 이 책은 곧바로 유럽 전역에 반향을 일으킨다. 그러나 실패이기도 하다. 신학자들에 맞서 자신을 변호하고자 했지만 오히려 역효과를 낳았다. 이 책은 곧바로 고발과 반박을 촉발했다. 전통 신학의 가장 후진적인 신봉자들 쪽에서만이 아니다. 그 자신 새로운 철학의 신봉자이자 홉스를 네덜란드에 소개하기도 했던 람베르트 판 펠트하위선은, 스피노자를 사실상의 수신자로 하는 편지를 그들 공동의 친구 야코프 오스턴(Jacob Osten)에게 보내는데, 이 편지에서 그는 스피노자를 무신론자로 취급한다. 스피노자는 같은 통로를 통해 강하게 응수한다. 자신에게 무신론이란 어떤 철학적 입장을 넘어 윤리적 품행이며 그런 의미에서 자기는 무신론자가 아니라고 말이다. 이 서신 교환이 그에게 충분히 의미가 있었던지, 그는 1675년에 새로운 판본을 생각하면서 그사이 사적으로도 알게 된 펠트하위선에게 그 판본의 출판 허가를 부탁한다. 올덴부르크는 오랫동안 끊겼던 서신 교환을 1675년에 재개하면서 스피노자에게 『신학정치론』에 대해 격한 어조로 따져 묻는다. 논쟁이 서신을 통해서만 이루어진 것은 아니다. 비방문과 고발장이 넘쳐났다. 라이프니츠는 스승인 야곱 토마지우스에게 이 책을 비판하도록 응원하는 한편, 자신도 그때 자기가 기획하고 있던 『가톨릭의 증명들 Demonstrationes catholicae』에 이 책에 대한 비판을 끼워 넣으려고 했다. 1676년에도, 휘엇(Huet)은 『신학정치론』에 대한 비판을 기획하는데, 스피노자는 현재 우리에게 남겨진 마지막 날짜의 편지에서 이에 대해 탐문한다.

1672년에 네덜란드 정세는 급변한다. 콩데 공작의 군대가 네덜란드 공화국을 침범했고 초반에는 연전연승한다. 오라녀의 빌럼[빌럼3세]이 상황을 안정시킬 때까지는 말이다. 프랑스인에게 중요한 것은 네덜란드인을 개신교 동맹국들과 단절시켜, 종교적 지평에서 네덜란드인의 신용을 실추시키는 것이었다. 콩데 공작과 가까웠던 칼뱅주의자 스투프(Jean Baptiste

Stouppe)는 『네덜란드인의 종교*La Religion des Hollandais*』라는 소책자를 출판하는데, 이 소책자에서 그는 자신이 교리와 종교적 규율 문제에서 네덜란드가 지나치게 방임적임을 증명했노라고 주장한다. 그의 논거 중 하나는, 네덜란드 동인도회사가 일본에서 일체의 포교를 금지하고 심지어 기독교적 경건을 나타내는 외적 징표조차 금지하면서까지 기독교에 적대적인 왕국과 무역하고자 했다는 사실이다.(이는 이미 『신학정치론』에서 인용되었던 사례이다.) 또 다른 논거를 들어보면, 네덜란드의 목사들이 불경한 스피노자를 반박하지도, 그에게 맞서는 어떤 조치도 시도해보지 않고, 그를 그저 관용하고 있다는 것이다. 스피노자는 의도치 않게 종교에 대한 위험의 지표로 등장한 셈이다.

이처럼 집중된 공격과 이 공격의 난폭함을 어떻게 해석해야 할까? 이를 순교자의 관점에서 읽어내기는 쉬운 일일 것이다. 마찬가지로 계몽의 첫 번째 갈등으로 간주하기도 쉬운 일일 것이다. 하지만 그렇다면 스피노자를 여타의 데카르트주의자들과 어떻게 구별할 것이며, 스피노자 이전에 이미 모세 5경이 짜깁기되었다고 문제를 제기하고 모음 표시들이 기재된 시기를 의심하며[54] 교회를 행정관의 통제 아래 둘 필요성을 주장했던 사람들과는 또 어떻게 구별할 것인가? 스피노자에 대한 비판이 계몽에 반대한 반동주의자 쪽에서만 온 것은 아니기에 이 물음은 더욱 중요하다. 비판자들 중에는 데카르트주의자가 있었고(만스펠트(Mansvelt)), 새로운 철학의 신봉자도 있었고(펠트하위선과 라이프니츠), 콜레히안도 있었다(브레덴뷔르흐(Bredenburg)). 아마도 스피노자의 책으로 위험에 처하게 된 지적 균형 상태를 우선적으로 살펴보아야 할 것이다. 가격(加擊) 지점을 볼 때 스피노자의 책은 가장 '근대적인' 칼뱅주의자와 데카르트주의적 스콜라 철학 사이에 암묵적으로 맺어진 동맹을 뒤흔들었다.[55] 마찬가지로 그의 공화주의는 전통적인 사회계약론보다

---

54 [옮긴이 주] 원래 히브리어 알파벳은 모두 자음이다. 그래서 자음이 같으면서 말로 할 때 오직 모음에 의해서만 구별되는 단어들은 서로 혼동된다. 이 때문에 이후 히브리인들은 모음 표시로 문자의 아래나 위에 점을 찍기 시작한다. 이와 같은 모음 표시의 시작을 언제로 보느냐에 따라 성경이 가필 없이 온전히 전해졌다거나, 아니면 후대 사람에 의해 가필되었다는 해석으로 갈라지게 된다. 스피노자는 후자의 입장을 취한다.

55 [옮긴이 주] 데카르트주의는 새로운 학문의 대명사였지만, 데카르트 자신은 정치와 종교 문제만은 건드리지 않았고, 그 대가로 학문의 자유를 확보하고자 했다. 이는 결과적으로 당대의 지배적인 종교권력과의 타협으로 해석될 수 있다. 『신학정치론』은 바로 데카르트가 건드리지 않은 종교와 정치 문제를 정면으로 다룸으로써 이 타협을 깨뜨린다.

급진적인 함의를 지닌다. 그가 전통적인 사회계약론에 정치의 정념적 토대를 도입하기 때문이다.[56] 그러므로 스피노자와 구분되기 위해서라도, 또한 자신이 옹호하는 관념들이 은밀하게 스피노자의 사상으로 통한다는 비난을 받지 않으려면, 스피노자를 반박해야 한다. 스피노자는 이를 알고 있었다. "어리석은 데카르트주의자들은 저와 가깝다는 의심에서 벗어나고자 지칠 줄 모르고 계속해서 제 의견과 저술에 대한 혐오를 공공연하게 내세웁니다."(『편지 68』) 따라서 비판에 나선 것은 적대자들만은 아니었으며, 공모의 혐의를 벗어내야 했던 같은 진영의 사람들도 있었다.

이런 애매성을 보여주는 증거 중 하나가 콩데 공작의 초청이다. 접촉은 스투프 덕분에 이루어졌다. 스피노자는 1673년 콩데 공작이 없을 때 펠트하위선과 함께 프랑스군 진영으로 갔으며, 프랑스 장군 장교들과 토론했다. 『신학정치론』 저자의 이름은 콩데 공작의 측근들에게 잘 알려져 있었으며, 그의 명

---

56 [옮긴이 주] 사회계약론의 대표자인 홉스에 의하면 사회계약은 자기 보존을 위한 각 개인의 이성적 판단에 의해 이루어진다는 점에서 이성의 산물이다. 스피노자는 사회계약이 항구적이지 않고 희망이나 공포에 의해 뒷받침되는 한에서만 유효하다고 함으로써, 계약의 토대가 이성이 아닌 정념임을 분명히 한다.

성은 자유로운 정신들로 이루어진 집단의 흥미를 끌었음에 틀림없다. 스투프, 펠트하위선, 스피노자. 이들은 공적 공간에서는 적대적이었지만, 사적으로는 토론할 수 있었다.[57] 그러나 이 위기로 많은 혁신가들은 급진이냐 타협이냐 선택의 갈림길에 처하게 된다. 논쟁이 그토록 폭력적이었던 것도 이런 선택의 요구 때문이었다.

말년

더 빗 형제의 몰락과 오라녀파의 권력 장악으로 스피노자는 곤경에 빠진다. 그가 자기 나라를 떠나 보다 관용적인 국가에 정착하려고 했을 가능성도 있다. 그런 국가를 발견할 수 있었다면 말이다. 피렌체 아카데미의 서기였던 로렌초 마갈로티는 후에 『신학정치론』의 저자가 토스카나에 정착할 수 있을지 자신에게 조심스럽게 문의해 왔다고 말한다.(만일 이 일화

---

57 『네덜란드인들의 참된 종교*La vraie religion des Hollandais*』를 써서 스투프를 반박한 브라운(Johannes Braun) 목사는 이를 부각시키고 있다.

가 사실이라면, 스피노자가 상상한 공간은 아마도 자유로운 성찰의 공간이었던 마키아벨리 시절의 피렌체 공국일 것이다. 그러나 상황은 이미 많이 변했고 메디치가의 코스모의 지배로 토스카나 공국은 몽매주의의 산실이 되어 있었다.) 마찬가지로 팔라틴 선거후(選擧侯)가 1673년 고문인 파브리티우스(Fabritius) 교수를 통해 편지를 보내 자기는 하이델베르크 대학에 스피노자를 맞이할 준비가 되어 있노라고 말했을 때, 스피노자는 자기 자유를 종교의 통제하에 두고 싶지 않다는 이유로 이를 분명히 거부한다.(우리는 이제 이 초빙을 반대했던 파브리티우스가 스피노자의 거부를 유도하는 방식으로 편지를 작성했다는 사실을 알고 있다.) 그러나 그는 "모든 사람이 존경하는 지혜로운 군주가 지배하는 나라에서 살고 싶다는 오랜" 욕망을 언급하면서 편지를 시작한다.(「편지 48」) 스피노자가 네덜란드를 한 번도 떠난 적이 없다면, 스피노자가 원하지 않았기 때문은 아닐 것이다. 이미 1659년에 스피노자는 암스테르담에서 만난 두 명의 에스파냐인에게 에스파냐에 가보고 싶다고 말한 적이 있다. 그 당시 이 욕망은 그저 자신을 키워준 문화의 모국에 대한 호기심을 표현한 데 불과했을 것이다. 하지만 1672년의 사건 후에는 아마도 정치적인 이유들 때문에 스피노자는 네덜란드 땅을 떠나고 싶어 했을 것이다. 그가 떠나지 않았다면, 그 주된 이유는 돌연 더 강화된 제한에도 불구하고 네덜란드의 자유가 당시 유럽의 나머지 국가에서 누릴 수 있었던 자유보다 월등 했기 때문이다.

스피노자의 친구 중 어떤 이들은 유럽의 정치에 개입했다. 1674년, 파리에 정착해서 새로운 학교를 열었던 판 덴 엔던은 로한의 기사 및 라트레오몽 백작과 함께 루이 14세에 대항하는 이상한 음모에 가담한다. 음모의 목표는 네덜란드 해군의 지원을 받아 왕으로부터 서쪽 지방을 빼앗아 새로운 공화국을 만드는 것이었다. 밀고 때문에 이 일은 실패했고 가담자들은 처형되었다.[58]

1675년에 스피노자는 『윤리학』을 출판하려고 시도했으나 이후 포기한다. "그러고 있는 사이, 신에 대해 쓴 저의 책 하나가 인쇄되고 있고 그 책에서 제가 신이 없음을 보여주려 한다는 소문이 파다하게 퍼졌습니다."「편지68」 그는 『정치론』의 저술을 기획했고, 십중팔구 자기 생애의 마지막 2년 동안 여기에 몰두했을 것이다.

---

58 외젠 쉬(Eugène Sue)의 소설 『라트레오몽Latréaumont』에 등장하는 음모는 이 사건에서 착안한 것이며, 『말도로의 노래 Chants de Maldoror』의 저자의 가명[로트레아몽]은 이 소설에서 비롯된 것이다.

앞서 보았듯, 이 시기에 스피노자는『신학정치론』의 개정판을 생각하고 있었다. 그는 주석들을 작성했고, 그중 일부는 지나가는 길에 잠시 들른 한 석학에 들려주었다. 또한 펠트하위선과 주고받은 논변들도 덧붙이고자 했다. 그 밖에도 그는 새로운 제자들인 슐러(Schuller) 및 치른하우스(Tschirnhaus)와 함께 수학과 물리학에 대한 논의를 이어 갔다. 이 논의들은『윤리학』의 1, 2부에서 다룬 몇몇 문제들을 한층 더 엄밀하게 보려는 그의 노력을 입증한다.

스피노자는 1677년 2월에 죽었는데, 필경 폐결핵 때문일 것이다. 로데베이크 메이어르는 스피노자의 수고들을 암스테르담으로 가져왔다. 스피노자의 친구들이 라틴어 판본 유고집과 네덜란드어 판본 유고집의 편집을 위해 일년 내내 작업을 했을 개연성이 높으며, 이 저작들은 그해 12월에 세상에 나왔다.

스피노자의 문화

스피노자 철학의 '원천'을 따져보기보다는 스피노자가 어떤 재료를 가지고 작업을 했는지를 가려보는 편이 낫다. 스피노자는 어떤 언어로 정보를 얻었을까? 그는 우선 포르투갈어와 에스파냐어를 구사했다. 또한 유대인 교육을 받은 덕택에 히브리어와 아람어를 어느 정도 알고 있었다 — 그가 쓴『히브리어 문법 개요』나『신학정치론』의 성서 분석은 이를 보여준다. 네덜란드어는 우선은 비유대인과 교류하면서 숙지하게 되었을 것이고, 유대인 공동체를 떠난 후부터는 시간이 지나면서 더 잘 알게 되었을 것이다. 그러나 그에게 학문적 토론의 언어가 된 것은 라틴어였다. 그는 영어를 모른다고 명시적으로 말했고(「편지 26」에 의하면 그는 보일의 텍스트를 라틴어 번역으로만 읽을 수 있었다), 그의 책장에는 영어나 독일어로 된 책은 없었다. 프랑스어나 이탈리아어는 읽을 만큼은 알고 있었음에 틀림없지만, 이들 언어로 된 저작에 대해 자신이 좀 더 잘 아는 언어로 된 번역본을 찾을 수 있을 경우에는 이를 참고했다. 예를 들어, 그는 포르-루아얄『논리학』의 프랑스어 판본을 읽었지만, 데카르트의 프랑스어 저술은 라틴어 번역본과 네덜란드어 번역본으로 읽었고, 칼뱅의『기독교 강요』를 에스파냐어 번역본으로 읽었다. 마키아벨리를 이탈리아어로 읽었지만, 레온 에브레오(León Hebreo)의『사랑의 대화 *Dialoghi d'Amore*』는 에스파냐어 번역본으로 읽었다.

스피노자의 문화(교양)는 그의 저작에 드물게 나오는 명시적 인용들을 통해 가늠해볼 수 있다. 서신은 우리가 몰랐을 수도 있었을 스피노자 문화의 일면을 드러내는 장점이 있다. 사례와 전거, 또한 암묵적이기도 한 인용들도 마찬가지다. 우리에게는 또한 스피노자 책장의 책 목록도 있다 ― 하지만 이는 신중하게 활용되어야 한다. 누구나 자기 책장에 있는 책을 다 읽는 것은 아니며 책장에 없는 책도 읽을 수 있다.(책이 비쌌던 시대에는 특히 그렇다.) 또 읽었던 책들을 똑같이 활용하는 것도 아니다. 다양한 층위들이 탐지될 수 있는데, 이 층위들은 부분적으로는 상호 간섭한다.

첫째, 성서, 탈무드, 철학(마이모니데스(Maimonides)와 하사다이 크레스카스(Hasadai Crescas))에 걸친 3중의 유대 문화가 있다. 스피노자는 카발라를 경멸했으며 대부분의 성서 해석자를 대수롭게 생각하지 않았다.(여기에는 기독교 해석자들도 포함된다. 스피노자의 책장에 있었고 또 그가 활용했던 유일한 기독교 성서 해석은 예수회 수도사 페레이라가 쓴 다니엘서 주석뿐이었다.) 탈무드를 다룬 저술들은 제한적으로만 알고 있었던 것 같고, 그것도 때로는 누군가에게 전해들은 것이었다. 스피노자에게 유대인의 가장 위대한 책은 다름 아닌 성서였다. 성서는 그의 교양의 바탕이다. 그는 성서를 연구하고 그 내용을 평가하고, 성서에서 역사적 사례와 전거를 찾아내려고 했다. 그는 몇몇 이야기(모세에 의한 국가의 설립, 예루살렘의 파괴)에 매료되기도 한다. 이와 같은 성서에 대한 교양에는 그가 가진 성경 사본에 기록된 주해의 출처인 주석가들에 대한 숙지도 포함된다.(스피노자가 가장 많이 동의하면서 인용한 사람은 이븐 에즈라(Ibn Ezra)였다.) 그는 또한 유대인들이 출판한 에스파냐어 번역본 성서(페라레(Ferrare)의 성서)나, 유니우스(Junius)와 트레멜리우스(Tremellius)의 라틴어 개신교 성서 역시 가지고 있었다. 그는 민중판본 성서는 가지고 있지도 않았고 참조하지도 않는데, 충분히 그럴 만하다. 그의 지평을 차지한 기독교인은 칼뱅주의자였지 가톨릭은 아니었기 때문이다.[59]

둘째, 이베리아 문화가 있다. 스피노자는 공고라(Góngora), 케베도(Quevedo), 그라시안(Gracián)의 저작들, 세르반테스의 『모

---

59 역으로 스피노자 자신은 몇몇 가톨릭교도, 특히 니콜라스 스테노와 알베르트 뷔르흐 같은 개종자들의 지평에 등장한다. 이 둘은 스피노자를 가톨릭으로 개종시키고자 했다. 마찬가지로 [스피노자에 관심을 두었던] 얀센파 조직은 네덜란드 감목(監牧)인 네어카셀(Neercassel)과 이어져 있었다. [옮긴이 주] 여기서 말하는 얀센파 조직은 스피노자 유고집의 프랑스 유입을 막고자 했던 아르노(Antoine Arnauld)와, 스피노자 저작의 상태를 알아보고 가능하면 한 부를 보내 달라고 요구한 교황청 종교재판 담당자 바르베리니(F. Barberini) 추기경을 말한다.

범소설집』, 페레스 데 몬탈반(Perez de Montalván)의 『희곡집』, (페르시아 왕의 궁전에서 자신의 종교를 감춘 채 살아가는 유대인이 성서에 들어 있다는 점에서) '마라노'의 상상계에서 크나큰 역할을 한 핀투 델가두(Pinto Delgado)의 『에스더 여왕의 시』를 가지고 있었다. 정치 분석과 역사 분야로는, 사아베드라 파야르도(Saavedra Fajardo)의 『고딕 왕관 *Corona gotica*』과 필리페 2세의 신하였다가 그의 적이 된 안토니오 페레스(Antonio Perez)의 저작들을 가지고 있었는데, 페레스의 저작들은 차후 『정치론』의 여러 구절의 영감이 된다. 스피노자가 보유했던 언어 사전 중 유일하게 에스파냐어 사전만이 단일어 사전이다 – 이는 스피노자가 에스파냐어를 통해 다른 언어를 해독했음을 시사한다. 그는 블레이은베르흐에게 보내는 편지에서 네덜란드어로 표현해야 하는 것에 대해 불평한다. "당신에게 편지를 쓸 때, 제가 친숙하게 익혀온 언어를 구사하고 싶습니다. 그럴 때 제 생각을 보다 잘 표현할 수 있으니까요."(『편지 19』) 1673년 그의 하숙집 주인 판 데르 스페익이 에스파냐 출신 장교와의 공증에 개입하게 되었을 때, 하숙집 주인은 스피노자를 증인으로 데려갔다. 또한 스피노자는 익명의 저자가 프랑스어로 쓴 『에스파냐 여행 *Voyage d'Espagne*』(1666년 출판)을 구입했다. 에스파

냐 바로크라는 맥락이 스피노자 사상의 특정 차원들을 밝혀준
다는, 단 직접적인 영향을 통해서보다는 스피노자가 대립각을
세울 수 있었던 지적 지평을 통해 밝혀준다는 점을 보여준 연
구도 있다.[60]

셋째, 라틴 문화가 있다. 역사가(티투스 리비우스, 카이사르, 살루
스티우스, 타키투스, 퀸투스 쿠르티우스. 또한 아리아누스와 플라비우스 요세
푸스도 라틴어 번역으로 나와 있었다), 시인(마르시알리스, 오비디우스, 베
르길리우스)과 극작가(플라우투스, 테렌티우스)가 있다. 키케로나 세
네카의 편지, 로마의 풍자소설 『사티리콘Satyricon』 역시 당연
히 포함된다. 스피노자는 여기서 인간 본성이 통상 어떻게 반
응하는지에 대한 인상적인 기술이나 역사적 사례를 찾았다.
그렇다고 스피노자가 고대 로마에 매료되었다고는 말할 수 없
다. 오히려 그가 로마 정치에 대해 말한 거의 대부분이 일관되
게 부정적이다. 긍정적으로 표현되는 것은 공화정이나 제정보
다는 라틴 문화이다. 스피노자가 쓴 라틴어는 당대 다른 사람

---

60 H. Méchoulan, Spinoza et l'Espagne, *Cuadernos salmantinos de filosofia*, 1984, XI, pp.435~459; Atilano Dominguez(dir.), *Spinoza y España*, Ediciones de la Universidad de Castilla-La Mancha, 1994; Y. H. Yerushalmi, *Sefardica*, Chandeigne, 1998; Saverio Ansaldi, *Spinoa et le baroque*, Kimé, 2000 등을 보라.

생애
87

들이 쓴 것처럼 '근대 라틴어'이지만, 다른 이들의 것보다 구조상 더 단순하고 어휘상으로도 더 제한되어 있고, 또 그럼에도 강렬한 표현과 명료한 증명을 해낼 수 있는 것이었다. 또한 정리들로 이루어진, 혹은 수학적 사례들로 이루어진 통일된 담론에서부터 풍자나 분개를 표현하는 수사적 정식에 이르기까지, 상이한 문체들이 그의 텍스트에 번갈아 등장하는 것을 볼 수 있다.

넷째, 역사 문화가 있다. 이는 라틴 역사가에 대한 독서로만 한정되지 않으며, 근대의 역사가나 회상록 저작자들도 포함한다. 스피노자의 글에는 종교개혁의 위기에서, 루이 14세의 프랑스에서, 영국 혁명에서, 그리고 당연히도 네덜란드 연합주의 과거와 현재에서 가져온 사례들이 등장한다. 스피노자는 네덜란드 시민으로 자처했다. 그는 이 나라에 대해 때로 3인칭으로 말하지만, 편지들에서는 '우리의 통치자들'이라 언급하고, 『신학정치론』의 시작과 끝은 당국의 결정에 따르겠다는 선언으로 이루어져 있다. 게다가 이 저작의 말미에는 암스테르담을 자유의 도시(이는 '엘레우테로폴리스(Eleutheropolis)'[61]에서 인쇄된 저작들을

---

61 [옮긴이 주] '자유의 도시'라는 뜻으로, 이슬람에 의해 파괴되었던 팔레스타인 지역 고

떠올리게 한다.)로서 웅변적으로 묘사하는 대목이 있다.

다섯째, 과학 문화가 있다. 수학과 물리학에 대한 스피노자의 (실질적) 지식은 많이 강조되어 왔다.[62] 그는 물론 데카르트, 하위헌스, 라이프니츠 같은 발견자는 아니었지만, 당대의 과학에 밝았으며 그 과정과 결과들에 대해 성찰했다. 하지만 이런 확인은 종종 다음 두 측면을 경시하게 만들곤 한다. 우선, 의학이 그의 서지 중 상당 부분을 차지하고 있으며, 그는 다수의 의사들과 교제했고, 편지에서도 그들에 대해 많이 언급하며,『윤리학』2부의 '자연학 소론'에 등장하는 요청들은 생명체의 특수성을 구축하려고 한 듯 보인다. 다음으로, 그는 오늘날 우리가 언어학이라고 부를 만한 것에 관심이 있었다. 문법만이 아니라(또한『히브리어 문법 개요』는 여러 면에서 비교문법이기도 하며, 라틴어에 대한 성찰을 함축하고 있다), 수사학과 해석 이론에도 (『신

대 기독교 문명의 중요한 도시의 이름이지만, 스피노자 당대에는 암스테르담을 암암리에 지칭하는 이름으로 통했던 것으로 보인다. 스피노자의 친구 메이어르의 성경에 관한 책의 출판지도 이 이름으로 표시되었다. 동일 출판인으로 추정되는 리우베르츠가『신학정치론』을 출판할 때는 이 도시 대신 함부르크라는 거짓 장소를 명기한 것은 이 책이 특별히 더 위험하다고 판단되었기 때문일 것이다.

62 F. Biasutti, *La dottrina della scienza in Spinoza*, Bologne, 1979. Fabrice Audié, *Spinoza et les mathématiques*, PUPS, 2004를 보라.

학정치론』에서) 관심이 있었다.

어떤 문화를 평가하는 좋은 방법 중 하나는 그 문화의 한계를 식별해보는 것이다. 스피노자의 문화에는 무엇이 빠져 있는가? 우선 그리스가 빠져 있다. 스피노자는 그리스어를 모른다고 말했고, 실제로 성서 텍스트를 논의할 때 70인역[셉투아진트]을 한 번도 인용하지 않는다. 또한 신약성서를 다뤄야 할 때도 그가 원본으로 (잘못) 믿게 된 아람어 판본을 출발점으로 삼았다. 그는 그리스의 제도들에 대해서는 한 번도 언급한 적이 없다. 플라톤, 아리스토텔레스, 스토아학파에 대해서는 대부분 전해 듣거나 읽은 것을 인용하거나, 라틴어 텍스트나 입문서를 통해 안 것처럼 보인다.(아리스토텔레스는 딱 한 번 명시적으로 인용되지만 그때도 참고 표시가 틀렸다.[63]) 스피노자가 역사적으로 참고하는 유일한 그리스인은 알렉산더 대왕과 그 부하들이지만, 이조차도 라틴 역사가인 퀸투스 쿠르티우스를 통해서였다. 다음으로 데카르트를 예외로 하면 철학이 빠져 있다. 스피노자 철학과 플라톤 철학, 회의주의, 스토아학파을 비교하는 연

---

63 [옮긴이 주] 스피노자는 『형이상학적 사유』 2부 6장에서 아리스토텔레스의 『호흡에 관하여De Respiratione』 1권 8장과 『형이상학』 11권(K) 7장을 명시적으로 언급한다. 이 중 『형이상학』은 12권(Λ) 7장을 잘못 인용했다.

구가 있었고, 이는 종종 유익하기도 했지만 스피노자가 정확히 어떤 텍스트를 참조하고 있는지는 밝혀내지 못했다. 스피노자가 탈레스를 말할 때도(「편지 44」), 탈레스 학설을 재구성하기 위해서라기보다는 일화를 환기하기 위해서였다. 그러나 스피노자가 특정 철학의 내용은 아니고 철학자들 사이의 갈등을 언급한 구절이 있긴 하다. 휘호 복설(Hugo Boxel)에게 보내는 편지가 그러한데, 여기서 스피노자는 에피쿠로스와 데모크리토스를 플라톤과 아리스토텔레스에 대립시킨다 – 이런 식으로 스피노자에게 철학적 전통이란 교의적인 학설사보다는 적대 관계들의 목록으로서 더 유효하다. 그러므로 스피노자는 인간 본성을 알기 위해 전문 철학자들의 구축물보다는 문학과 역사를 더 신뢰한 것 같다. 여하튼 스피노자에게는 문학이 아주 중요한 역할을 한다는 점을 감안하면, 마지막으로 네덜란드 문학이 없다는 점도 언급해야 한다.(당시에 네덜란드 문학이 황금기를 구가했고, 그의 친구들이 여기서 결정적인 역할을 한 만큼, 이 점은 더욱 주목할 만하다.) 스피노자가 라틴어 고전 외에 시와 희곡을 읽으려고 할 때, 그는 자기 주변에 살고 있는 사람들, 자기가 읽고 교류한 학자나 정치인이 아니라 이베리아 반도로 향했던 것이다.

매혹과 전설

처음의 전기 작가들에서부터 오늘날의 독자에 이르기까지
(때로는 스피노자를 읽어본 적이 없는 사람들조차), 스피노자의 인간됨
은 긍정적으로나 부정적으로나 사람들을 매혹시켜 왔다. 모든
철학자들이 이런 것은 아니다. 칸트나 아리스토텔레스는 이런
매혹을 불러일으키지 않았다. 이런 매혹은 어조로 표현되기도
하고, 전기에 덧붙여진 전설들로 표현되기도 한다. 어조의 경
우, 증오의 어조도 있지만 전투적 열광의 어조도 있다.(뤼카의
전기는 이를 보여주는 최초의 사례들 중 하나이다.) 전설로는 질 메나주
(Gilles Ménage)의 선집인 『메나기아나Menagiana』가 보고하는 스
피노자의 파리에서의 죽음이 있다.(스피노자는 네덜란드 땅을 결코
떠난 적이 없다. 이 일화는 분명 판 덴 엔던의 운명과 혼동되어 만들어졌다.)
또한 우리엘 다 코스타와 스피노자의 사적 관계(이 관계는 19세기
의 유명한 그림으로 표현되었으며, 마찬가지로 베르톨트 아우어바흐(Berthold
Auerbach)의 소설에도 우리엘의 장례식에 입회하는 스피노자가 등장한다)나
스피노자와 얀 더 빗의 우정도 있다. 실상 이 관계 모두에 대
해 우리는 아무런 증거도 가지고 있지 않다. 우리엘이 자살할
때 스피노자는 여덟 살이었다. 얀 더 빗의 경우, 그로노비우스

(Gronovius)가 언급한 바에 따르면, 연방 재상 더 빗이 스피노자를 받아들이려 하지 않았을 가능성이 크다. 판 덴 엔던의 딸 클라라마리아에 대한 스피노자의 사랑(이는 콜레루스가 전한 이야기로서, 그는 자기가 알지 못하는 시기에 대해 어떤 확증도 없이 이렇게 말한다. 이때 클라라마리아는 12살이었다), 스피노자가 극장을 나올 때 유대인 광신도에게 칼침을 맞았다거나, 유대인 랍비들이 암스테르담 당국에 고발하여 스피노자가 암스테르담을 떠나게 되었다는 것(그런 흔적을 담은 문서는 전혀 없다) 역시 아마도 전설로, 혹은 최소한 의심스러운 사실로 간주되어야 할 것이다. 그러나 전설 가운데서도 가장 생생한 − 철학자들에 대한 많은 전기의 밑바탕에 깔린, 숨은 '현자'의 이미지에 부합한다는 점에서 − 것은 속세에서 물러나 금욕적으로 고독하게 살아가는 스피노자라는 전설이다. 우리는 적어도 메인스마 이래, 스피노자가 비록 명예도 갈등도 추구하지 않지만(「편지 69」, "내 적들 중 누군가를 논박할 필요성을 전혀 느끼지 못합니다"), 친구, 제자, 서신 교환자들의 네트워크 한가운데 있었음을 알고 있다. 자신의 매 저작마다 인간 상호관계를 개체에 대한 정의의 핵심에 놓았던 저자에게 사람들이 기대할 수 있는 바대로 말이다. 금욕주의로 말하자면, 그것을 (콜레루스와 뤼카가 증언한) 간소함과 혼동하지 말

아야 한다. 『윤리학』의 다음 구절은 이 점을 시사한다. "현명한 사람은 적당하게 맛있는 음식을 먹고 술을 마시고 향수를 뿌리고 보기 좋은 식물을 즐기고 옷치장을 하고 음악 감상과 놀이를 즐기고 연극 관람 및 각자가 다른 사람에게 피해를 주지 않고 누릴 수 있는 이와 같은 종류의 일을 즐긴다." (『윤리학』 4부 정리 45의 주석)

2장

저작

스피노자의 저작은 다 합쳐도 10권이 안 되며 대다수는 미완이다. 그마저 대부분은 저자의 죽음 때문에 편집도 되지 않았다. 실상 『신학정치론』만이 완성된 상태로 출간되었다. 『원리』도 출간되었지만 3부의 시작 부분에서 중단되었다. 『윤리학』은 완결적이지만 스피노자는 살아생전에 세상에 내놓기를 포기했으며, 주석가들은 이를 마지막 교정을 거치지 못한 증거라고 보고자 했다. 스피노자는 때로 시간이 부족하다고 불평했다. 적절한 순서로 배치하고 가장 명료한 상태로 만들 시간이 부족하다는 것일까? 『신학정치론』은 완성되긴 했지만 두 번째 판본이 나올 뻔했다. "제 논고에서 다소 모호한 구절들을 주석을 통해 명확히 하고 싶습니다." 그는 펠트하위선에게 보낸 편지[『편지69』]에서 이렇게 썼다.[1] 어떤 모호함도 남기지 않으려는 싸움은 중단 없이 계속되었다. 『신학정치론』의 주석들은 물론이거니와, 『지성교정론』에 덧붙여진 주석, 『소론』을 정리하는 일련의 숫자, 『윤리학』의 주석, 『편지』에 등장하는 상세한 설명과 교정은 이를 보여준다. 흔히들 불투명성이야말로 철학에 필수적이라고 떠벌리지만, 스피노자가 글을 썼던 시대는 최대한의 명료화를 꾀하던 시대였다.

『지성교정론』

"저자가 수년 전에 집필했던 것이다." 1677년 판본의 일러두기는 이렇게 말한다. 저자는 "이것을 완성할 뜻을 늘 품고 있었지만, 다른 업무들로 인해, 그리고 결국 갑작스런 죽음을 맞이한 탓에 원하는 결말에까지 이르지 못했다." 라틴어 제목 'De intellectus emendatione'는 관례적인 우리말 번역 '지성 개선'의 의미와 완전히 같지는 않다. 'emendatio'의 원 의미는 오히려 문헌학적 교정이다.

---

1 또한 치른하우스에게 보낸 그의 마지막 편지에서는 다음과 같이 쓴다. "만일 저에게 삶이 충분히 남아 있다면, 저는 이것에 대해 며칠 안에 보다 명확하게 말할 것입니다. 왜냐하면 이 주제에 관한 한 저는 적절한 순서를 찾을 수 없었기 때문입니다."(『편지 83』)

이 텍스트는 1인칭의 이야기로 시작된다. 『방법서설』과 『성찰』이 나온 이후이므로 이 점이 딱히 특별하지는 않다. 하지만 어조와 글쓰기 장르가 다르다. 화자는 어떻게 경험이 그에게 "삶에서 빈번히 일어나는 모든 일이 헛되고 부질없음을" 가르쳐주게 되었는지를, 그 결과 어떻게 그가 참된 선, 즉 "일단 발견하고 얻기만 하면 연속적이면서 최고인 기쁨을 영원하게 맛보게 해줄" 그런 선을 찾으러 나서게 되었는지를 이야기한다. 불확실한 선을 위해 확실한 선들 ― 쾌락, 부, 명예와 같은 통상적 삶의 선들 ― 을 잃을까 하는 두려움 때문에 주저하지만, 이윽고 그는 본성상의 확실성과 획득상의 확실성을 구별해야 함을 확신하게 된다. 그러면서 그는 선과 악이 완전함이나 불완전함과 마찬가지로 단지 상대적으로만 말해진다는 것에 주목하게 한다 ― 하지만 그 자신은 방금 비판한 선과 악, 완전함과 불완전함과 같은 통념을 논의 과정에서 곧바로 다시 가져온다.(이것은 스피노자의 모든 저작에서 발견되는 절차이다.) 사람들은 현존하는 것보다 더 완전한 인간 본성을 떠올릴 수 있으며, 이에 다가갈 수 있도록 해주는 모든 것은 참된 선이라고 불린다. 최고선은 그런 본성을 향유하는 데 있다.(그리고 '가능하다면 다른 개인들과 함께'라고 스피노자는 분명히 말한다.) 거기에 도달하려면 "처음부터 할 수 있는 만큼 지성을 교정하고 정화해야" 하는데, 이는 "사물을 쉽게, 그리고 오류 없이 최적으로 이해하기 위해서"이다. 애초에 윤리학적 용어로 표현되었던 탐구는 이 지점에서 인식론적 프로그램으로 변모한다. 이 인식론적 프로그램은 화자가 지금까지 이용해 온 "지각 방식들"(이후의 저작들에서는 "인식 종류들"이라 불리게 될 것이다)을 검토하고, 이 중 현행의 기획에 가장 부합하는 지각 방식을 선택함으로써 실행된다. 이 지각 방식에는 네 가지가 있다. 1) 소문이나 기호에 의한 지각 2) 무작위적 경험 3) 결과에서 원인으로 거슬러 올라가거나, 혹은 "보편적인 것에는 항상 어떤 특성이 수반되어 있으므로, 보편적인 것으로부터 결론을 끄집어내는" (참되지만 부적합한) 지각 4) 마지막으로 사물이 그 본질이나 원인에 의해 지각되는 적합한 지각. 오직 네 번째 지각 방식만이 진정으로 우리를 우리 목표로 인도할 수 있으며, 이 때문에 그것을 각별히 이용해야 할 것이다. 이 긴 도입부(『지성교정론』의 §1~49)의 말미에서 도출되는 문제는 다음과 같다. 우리에게 필요한 것을 이런 방식의 인식을 통해 인식할 수 있도록 해주는 길과 방법은 무엇인가? 논고의 두 부분은 이제 "방법의" 두 "부분"에 할애된다.(논고의 미완성으로 두 번째 부분은 중단된다.)

더 나가기 전에, 특정 주제에 있어서는 우리가 『윤리학』의 세계에 가까이 와 있지만, 절차에 있어서는 『윤리학』의 세계와 동떨어져 있음을 짚어둘 필요가 있다. [『지성교정론』에 제시된] 인식 종류의 유형학, 참된 것과 적합한 것의 구별, 선악의 상대성 – 이 관념들은 모두 전적으로 스피노자주의에 속한다. 하지만 동시에 이 관념들은 [연역적 논리와는] 상이한 논리에 따라, 곧 화자가 참된 것을 발견해가는 논리에 따라 조직된다. 그러므로 각 주제는 『윤리학』과 다른 방식으로 도입된다. 우선 "지각 방식들"은 지금까지 수행해 온 지각에 대한 상기를 통해 기술될 뿐 그것들이 산출되는 방식에 대한 분석을 통해 기술되지 않는다. 다음으로, 세 번째 지각 방식(이것은 이후 『윤리학』에서 두 번째 종류의 인식으로 올 것에 부분적으로 상응한다)은 참되지만 적합하지 않은데, 이는 스피노자주의의 최종 판본[곧 『윤리학』]에서는 무의미해질 것이다.[2] 마지막으로, 선(善)도 개체의 자연적 법칙들을 출발점으로 해서 사고되지는 않는다. 이와 같은 논리상의 차이는 청중의 차이에 기인하는 것으로 볼 수도 있

---

2 [옮긴이 주] 세 번째 지각 방식은 『윤리학』에서는 2종의 인식인 이성, 곧 공통 개념에 의한 인식이 되고, 이것은 3종의 인식인 직관지와 더불어 참되면서 적합한 인식으로 분류될 것이다. 그러므로 참되면서 부적합한 인식에 해당하는 것은 없어진다.

다. 『지성교정론』은 아마도 (넓은 의미의) 데카르트주의자들 (즉 베이컨, 데카르트, 아마도 홉스까지 가릴 것 없이 새로운 철학의 영향을 받은 독자들)을 위해 집필되었고, 그들의 터와 그들에게 특징적인 언어 안에 자리 잡았을 것이다. 스피노자 자신은 그들의 통념에서 출발하여 작업해 가면서 자기 학설을 다듬어 나간다. 그런데 수용과 집필의 차이 외에 또 다른 것이 있다. 상이한 유형의 철학적 절차가 작동하고 있는 것이다. 가령 『소론』에서는 나중에 『윤리학』에서 볼 구조를 만나게 되지만, 『지성교정론』은 사정이 전혀 다르다. 제기된 물음 자체가 다른 것이다. 스피노자는 이를 분명히 말한다. "일러 두건대, 여기서 나는 각 지각의 본질을 상술하지도 그 원인을 통해 설명하지도 않을 것이다. 이는 철학에 속하는 일이다. 나는 다만 방법이 요구하는 것, 즉 허구적 지각, 거짓 지각, 의심스러운 지각과 관련되는 것만 다루겠다."(50절) 여기서 언급된 "철학"은 아마도 스피노자가 쓰려고 기획하고 있었고(아니면 이미 쓰기 시작했고?) 이후 『윤리학』이 될 책일 것이다. 사물을 그 원인을 통해 설명하는 것, 이 역시 방법과 구별되는 '철학'의 영역이다.

논의 도중에 스피노자가 무한퇴행의 문제에 부딪힌다는 점에 주목할 필요가 있다. 실상 그는 자기에게 맞서는 가상의 반론자를 내세우는데, 이 사람은 진리를 발견하기 위해 방법이 필요하다면, 이 방법을 발견하기 위해서는 또 다른 방법이 필요하고… 등등이라고 반론한다. 그렇다면 우리는 어떤 인식에도 도달할 수 없을 텐데, 왜냐하면 인식 과정은 아예 시작되지도 않을 것이기 때문이다. 이 반론은 우리가 처음에는 참된 관념을 아예 가지고 있지 않다고 가정할 경우에만, 오직 외적 방법만이 우리에게 주어질 수 있다고 가정할 경우에만 타당할 것이다. 그러나 우리는 무에서 출발하지는 않는다. "지성은 그 본유적 힘으로 지적 도구들을 만들고, 이 도구들의 도움으로 다른 지적 산물을 위한 또 다른 힘을 획득하고, 이 지적 산물에 힘입어 다른 도구들, 즉 탐구를 더 멀리 밀고 갈 능력을 획득한다."(『지성교정론』 31절) 그러므로 방법이란 그야말로 지성의 자생적 활동을 고치고 개선하는 데 있으며, (베이컨을 매개로 인문주의 전통에서 내려오는) [도구 제작의] 사례는 바로 이 점을 밝혀준다. 그러니까 철을 주조하려면 도구가 필요하고 도구를 주조하려면 또 다른 도구 역시 필요하고, 그래서 결코 주조하는 작업을 시작할 수 없을 것이라고, 마찬가지 반론이 제기될 수 있다. 그러나 인간은 자연적 도구들(신체와 신체의 동작)을 가지고 초보적인 도구들을 만들기 시작했으며, 조금씩 그것들을 개선해 갔다. 방법과 참된 관념들 역시 마찬가지이다.

방법의 첫 번째 부분(50~90절)은 참된 관념을 그것에 대립하는 다른 세 유형의 관념 – 허구적 관념, 거짓 관념, 의심스러운 관념 – 과 대질시킨다. 여기서 준거가 되는 것은 허구적 관념인데(나머지 둘, 즉 거짓 관념과 의심스러운 관념은 허구적 관념과의 관계를 통해서만 정의된다), 이는 진리가 더 이상 단지 거짓과의 대립관계를 통해 사유될 수는 없음을 의미한다 – 이 역시 스피노자 철학의 일관된 입장이기도 하다. 그러나 향후 스피노자가 인식 산출의 견지에서 생각할 때와는 달리, 상상이 아니라 허구가 주요 심급이라는 차이가 있다.[3] 방법의 첫 번째 부분에는 기억과 언어에 대한 성찰들이 첨부되어 있다.

방법의 두 번째 부분(91~110절)은 정의와 증명이 무엇인지

---

3 [옮긴이 주] 『윤리학』에서 1종의 인식을 통칭하는 '상상'은 외부 사물과의 마주침의 흔적으로 우리 신체에 생겨난 변용을 대상으로 하면서 외부 사물을 현존하는 것처럼 표상하게 하는 관념을 말한다. 그것은 이성적 추론이나 지적 인식을 제외한 모든 지각을 통칭하는 용어로, 통상적 의미의 상상(부재하는 사물의 표상 또는 허구)만이 아니라 의견, 감각적 지각까지 포함한다. 이와 달리 『지성교정론』에서 말하는 허구는 데카르트의 '인위관념'처럼 실제로 존재하지 않는 사물에 대해 우리가 꾸며낸 관념을 말한다. 두 용어 모두 '상상'이나 '허구'라는 말의 통상적 의미에 함축되어 있는 의지의 작용을 배제한다는 점에 공통성이 있으며, 『윤리학』의 '상상'은 더 나아가 이런 지각이나 의견을 산출하는 인과관계의 필연성을 더 강조한 개념이다.

탐구한다. 목표는 지성의 역량을 발달시키는 것이다. 즉 명석 판명한 관념들을 갖는 것, 또한 우리 정신이 할 수 있는 한 자연의 연쇄를 재생하는 방식으로 이 관념들을 연쇄시키는 것이다. 지성의 특성들을 기술하는 와중에 저작은 중단된다.

이 책의 핵심어는 그러므로 지성(intellectus)이다. (삶에서 일어나는 것들로 고통받는 심급이자 일상적인 선들로 인해 흐트러진 심급인) 'animus'(마음)와 'mens'(정신)라는 용어로 시작되었던 『지성교정론』 서두의 내레이션이 도달하는 곳은 결국 지성이다. 이 내레이션의 묘수는 바로 이 심급들의 불확실성과 오류들을 지성의 생산적 힘으로 이끄는 데 있다. 이 논고를 쓰는 '나'는 어떠한가? '나'는 이 기능들 사이에 분산되어 있는 듯하며, '나'의 통일성은 정초적 성격에 있기보다는 한 기능에서 다른 기능으로 넘어가게끔 하는 지지대를 제공하는 데 있다. 참된 사유의 형식은 "지성의 역량과 지성의 본성 자체에 의존할 수밖에 없으며"(71절), 기억을 연구한다는 것은 지성에 의해 강화되는 기억과 지성 없이도 강화되는 기억을 구별하는 일이다. 결국 지성과의 대조를 통해 상상(바로 기억에 대해)이 기술된다. "상상이 지성과는 다른 것이며 상상에서 영혼이 수동적이게 된다고 보기만 한다면, [나머지에 대해서는] 상상을 당신이 원하는 대로 생각해도 좋다."(84절) 언어의 위치 역시 지성과 상상의 대립을 기준으로 정해진다.(88~89절)[4] 그러므로 바로 여기, 지성과 상상의 대립이 결정적인 경계인 셈이다.

'확실성', '방법', '명석 판명한 관념', 지성과 상상의 대립 — 이것들은 모두 데카르트적 세계를 가리키는 개념적이고 어휘적인 지표들이다. 마찬가지로 '무작위적 경험' 같은 표현이나 도구의 사례는 베이컨의 세계를 가리킨다. 그러나 이것들은 매번 자리바꿈, 다시 쓰기, 과녁의 변화와 더불어 사용되며, 이는 스피노자가 더 이상 베이컨적이지도 데카르트적이지도 않은 물음들을 제기하려고 하면서 개념에 대한 작업을 수행하고 있음을 보여준다. 그렇다면 스피노자가 이 물음들의 끝에 이르렀을 때, 그가 이 논고의 테제들과도 단절하리라고 볼 수도 있을까? 복잡한 문제이다. 확실한 것은 그가 논고를 완성하지 않았고(미완성의 이유는 주석가들 사이에 논쟁거리이다), 그가 이 논고를 『윤리학』과는 달리 친우들 모임에서 회람시키지 않았다는 것이다.(일찍이 『윤리학』을 입수했고, 또한 방법 문제에 특별한 관심을 가지고 있었으며, 그런 나머지 이후 『정신 치유』를 쓰기까지 한 치른하우스가 이

---

4 [옮긴이 주] 언어는 지성이 아니라 상상에 속한다.

논고의 저자에게 논고를 보여 달라고 요구했으나 허사였다는 것이 증거이다. 실상 그는 이 논고를 유고집을 통해 읽을 수 있었을 뿐이다.) 하지만 스피노자는 『윤리학』 2부(정리 40의 주석 1)에서 분명히 이 논고를 암시하며, 1666년 6월 바우메이스터르에게 쓴 편지에서도 이 논고의 주제들을 다시 가져오되, 단 그것들을 한정할 목적으로 가져온다. 즉 이 모든 것을 이해하기 위해 정신의 본성을 제1원인을 통해 인식할 필요는 없다고(베이컨 식의 '히스토리올라'로 충분하다고) 말이다. 그렇다면 반대로 『윤리학』의 대상들은 더 이상 기술(記述)하는 방식으로는 충분하지 않으며[5], 앞서 말한 제1원인을 통한 인식이 필수적인 것이 된다고 보아야 한다. 이제 발생적 설명이 기억에 의존하는 기술(記述)보다 더 큰 중요성을 갖게 될 것이다. 이는 스피노자가 보기에 하나의 동일한 주제가 여러 각도에서 다뤄질 수 있음을 의미한다. 물론 그 효과는 다를 것이다.

　이 진화는 한 체계가 구성되는 과정을 되돌아볼 수 있게 한다. 스피노자의 체계는 주제를 다시 가져와 다른 방식으로 조

5 　[옮긴이 주] '기술'은 귀납법으로 알려진 베이컨의 '히스토리올라'처럼 관찰된 결과들의 체계적 나열을 뜻하며, 이와 대비되는 것은 '원인'을 통한 '설명'이다.

직함으로써, 자신이 산출한 물음들을 차츰차츰 장악해 감으로써, 결국 이 구조들에 부합하는 서술 장르를 발견함으로써 구성된 것이다.

『소론』

이 저작은 스피노자 생전에 출판되지도 않았고 1677년의 유고집에 들어 있지도 않았다. 18세기 초 슈톨레와 할만이 스피노자 저작의 출판자였던 얀 리우베르츠의 아들을 방문했을 때, 이 아들은 그들에게 네덜란드어로 되어 있는 『윤리학』의 최초 판본을 보여주는데 여기에는 악마에 관한 장이 포함되어 있었다. 그러나 이 텍스트는 19세기에 가서야 발견되고 출판되는데,[6] 여기는 정말로 악마에 관한 장이 들어 있다.(단 악마가 존재할 수 없다고 말하기 위해!) 『신, 인간, 인간의 지복에 관한 소

---

6   뵈머(Boehmer)는 자신이 콜레루스의 『스피노자의 생애』의 한 사본에서 발견한 [『소론』의] 『요약』을 먼저 출간한다.(Halle, 1852) 그런 후 『소론』의 본문이 발견되는데, 여기에는 (흔히 A와 B로 지칭되는) 두 개의 수고본이 있다. 판 플로턴(Van Vloten)은 1867년 이것을 스피노자 저작들에 달린 부록으로 출판한다.

론』이라는 제목은 그때 붙은 것이다. 이것이 스피노자가 라틴어로 쓴 원본의 네덜란드어 번역본인지, 스피노자가 직접 네덜란드어로 집필한 텍스트인지, 아니면 스피노자의 강의를 제자들이 요약한 것인지에 대해 많은 논쟁이 있었다. 현재까지의 연구로 보면 첫 번째 가설이 가장 옳아 보인다. 어떤 연구자들은 오랫동안 이 책을 무시해 왔다. 불확실한 집필 상황, 무엇보다 책의 비일관성을 내세워 이 책이 진본임을 실질적으로는 부정했던 것이다. 그러나 이제는『윤리학』의 모든 테제를 억지로 찾아내려고만 하지 않는다면, 이 책에 일관성이 존재한다는 것은 분명해 보인다. 역으로, 다른 독자들은 신플라톤주의, 범신론 혹은 르네상스 이탈리아의 자연주의와 성숙기의 스피노자 사이의 누락된 고리를 여기서 보고 싶어 했다. 이와 같은 가설들은 이제껏 제시되어 왔던 증명보다 한층 견고한 증명으로 뒷받침될 필요가 있다.[7]

이와 관련하여 시기 설정의 문제가 제기된다. 발견 당시 이 저작은 주저 없이 스피노자의 최초 저작으로 간주되었다.(아마

---

7 이와 같은 해석 노선은 19세기까지 거슬러 올라간다.(아베나리우스(Avenarius)와 지그바르트(Sigwart)) 이후 이 노선은 적어도 흥미로운 작업으로 이어진다. 겝하르트에 의한 레온 에브레오 저작들의 출판이 그런 경우다.

도 『윤리학』의 초안이라고 여겨졌기 때문일 것이다.) 그래서 『지성교정론』은 자연스럽게 두 번째 저작이 되었는데, 여기에는 몇 가지 문제가 있었다. 『소론』의 논리가 『윤리학』의 완성된 체계와 더 가까웠기 때문이다. 필리포 미니니(Filippo Mignini)는 상당히 설득력 있는 논거들을 가지고 이 순서를 바꿔야 한다고 주장한 최초의 연구자이다.[8] 또한 그는 『소론』이 사람들이 오랫동안 믿어 왔던 것보다 훨씬 일관되다는 것 역시 보여주었다. 그것은 그 자체로 연구될 수 있는, 스피노자 철학의 한 발달 단계를 보여주는 증거가 된다. 『지성교정론』과 달리 『소론』의 구도는 『윤리학』의 구도를 이미 맹아적인 방식으로나마 포함하고 있는 것이다.

『소론』의 1부는 신을 다룬다. 먼저 신의 존재를 확립하고, 다음으로 신의 본질을 다룬다. 그런 후 넓은 의미의 신의 속성들을 분석한다. 그러니까 (섭리나 예정처럼) 기독교적 전통에서 가져온 언어를 사용하고, 심지어 "산출하는 자연"(능산적 자

---

8 F. Mignini, Per la datazione e l'interpretazione del *Tractatus de intellectus emendazione di Spinoza*, *La Cultura*, 17(1979), 1/2, pp. 87~160. 그리고 같은 저자의 *Introduzione a Spinoza*, Bari, Laterza, 1983를 보라. 더 일반적으로 말해, 미니니의 저작이야말로 『소론』의 진정한 중요성을 밝히는 데 성공했다.

연)과 "산출되는 자연"(소산적 자연) 같은 개념을 스콜라 철학에서 빌려오기까지 한다.[9] 그러나 이런 어휘를 통해서 『소론』의 1부는 자연의 통일성을 강하게 긍정하는 독창적인 사유를 일구어낸다. 신에 귀속시킬 수 있는 것들을 세 가지로 구별하면서 1부의 논의는 진행된다. 우선, 엄밀한 의미의 속성, 그러니까 (사유와 연장처럼) 우리가 신의 본질을 인식하도록 하는 속성들이 있다. 다음으로, 한낱 '고유성'(propria)에 불과한 속성, 그러니까 고유하게 신에 속하기는 하지만 우리에게 신의 본질을 인식하게 해주지는 않는 속성들이 있다. 예를 들어, 신의 행위의 필연성, 모든 사물이 자기 존재 안에서 스스로를 보존하려

9　[옮긴이 주] 스피노자는 신과 자연을 동일시하며, 자연 자체를 원인과 결과라는 두 측면에서 파악할 수 있다. 원인의 측면에서 파악된 자연을 '산출하는 자연(Natura naturans)'이라고 부르고, 결과의 측면에서 파악된 자연을 '산출되는 자연(Natura naturata)'이라 부른다. 스피노자 철학에서 전자는 신 또는 실체에 해당하며, 후자는 우주 또는 양태에 해당한다. '산출하는 자연'과 '산출되는 자연'에 대한 언급은 『소론』 1부 8~9장, 『윤리학』 1부 정리 29의 주석을 볼 것.

　　이 용어의 기원에 대해서는 여러 가지 추측만이 있다. 최초의 사용은 미카일루스 스코투스가 아리스토텔레스에 대한 아베로에스의 아랍어 주석을 라틴어로 번역하면서였던 것으로 보인다. 여기서 '산출되는 자연'은 하늘의 별들을, '산출하는 자연'은 그것을 담는 하늘을 가리킨다. 이후 아퀴나스의 『신학대전』(여기서 '산출하는 자연'과 '산출되는 자연'은 각각 창조자 신과 모든 피조물을 가리키거나 보편적 자연 전체와 여기에 포괄되는 개별 피조물들을 가리키는 등 다의적으로 사용된다), 스피노자의 책장에 있었던 헤이레보르트의 책에서도 발견된다.

저작
111

는 경향이 있다는 사실(이것이 '섭리'에 부여된 의미이다), 모든 것이 인과성에 따라 필연적으로 야기된다는 사실(이것이 '예정'에 부여된 의미이다)이 그런 경우이다. 마지막으로, 선함이나 긍휼히 여김처럼 신과 아예 관련이 없는 용어들이 있다. 이와 같은 비판적인 선별은 신에 대한 지배적 의견에서 출발하면서, 그리고 그 어휘의 일부를 보존하면서 완전히 다른 개념을 구축할 수 있게 해준다. 모든 것을 필연적으로 산출하는 내재적 원인[10]으로서의 제일 원리라는 개념이 그것이다.

2부는 인간을 다룬다. 먼저 인식의 세 종류인 의견, 믿음, 앎을 구별한다. 다음으로, 정념이 어떻게 의견에 바탕을 두는지를 보여주고 상이한 정념들을 분석한다.[11] 마지막으로, 인간 영혼의 구조상 가능한 참된 자유의 조건들을 탐구한다. 참된 자유는 지성과 신의 합일에 있는데, 이것에 힘입어 지성은 자체적으로 관념들을 산출하고 자기 본성과 합치하는 결과들을 자

10　[옮긴이 주] 산출하는 자연과 산출되는 자연의 관계는 인과적 관계이지만, 단 결과가 원인 바깥에 있는 외재적이고 타동적인 인과관계가 아니라 결과가 원인 안에 존재하는 내재적 인과 관계이다.

11　이에 대해서는 Charles Ramond, Les mille et une passions du *Court Traité*, *Spinoza et la pensée moderne*, L'Harmattan, 1998, pp. 11~26를 보라.

기 자신으로부터 끌어내게 된다. 따라서 『소론』의 1, 2부는 『지성교정론』에서 윤곽이 제시된 프로그램을 실행하는 셈이다.

『소론』의 제시 형식은 아직 기하학적 증명의 형식은 아니다. 그러나 두 부록은 그것과 가깝다. 신과 실체를 다루는 첫 번째 부록은 스피노자가 1662년 올덴부르크에게 보냈던 정리들과 그리 멀지 않으며, 공리, 정리, 증명으로 이루어져 있다. 두 번째 부록은 인간 영혼의 특징들을 종합적 방식으로 다시 다루고 있다.

1부 중간에는 대화편 두 개가 들어 있다.(첫 번째는 지성, 사랑, 이성, 정욕 간의 대화이고, 두 번째는 앎을 욕망하는 에라스뮈스와 신의 친구인 테오필로스 사이의 대화이다.) 스피노자가 형식상 대화체로 쓴 것은 이것뿐이지만, 이 대화가 시사하는 논박적 글쓰기는 그의 글에서 빈번하게 찾아볼 수 있다. 스피노자가 논적들을 호명하면서 반박하기를 꺼려 하지만, 또 그런 만큼 그의 사유는 기꺼이 여러 입장들과의 토론을 통해 모습을 드러내며, 그는 스스로를 이 입장들과의 관계를 통해 규정한다. 『소론』의 두 대화는 '나'라는 표현이 다시 등장한다는 점에서 『지성교정론』 서두의 글쓰기와 공통적이며 — 두 경우 모두 '나'는 익명적인 이론적 담론과 접합되어 있다.(『지성교정론』에서 '나'가 먼저 나오고

익명적 화자가 뒤를 이으며,『소론』에서 '나'는 익명적 화자의 한가운데 끼어

들어 있고 명시적으로 고지된다.) 그러나『소론』의 1인칭 화자가『지

성교정론』서두의 화자보다는 저자와 더 상이한 인물을 대변

한다는 점에서, 둘은 거리가 있다. 향후『윤리학』에서 이런 식

의 기법은 사라진다. 그러나 이 어조에 상응하는 등가물이『윤

리학』5부 맨 끝 부분의 어조에서 다시 나타난다고 할 수 있을

것이다.[12]

『원리』와『형이상학적 사유』

『원리』의 원제는『베네딕투스 데 스피노자가 기하학적으로

증명한 르네 데카르트의『철학의 원리』에 대하여』이다. 앞서

보았듯, 이 책은 스피노자가 카세아리우스에게 해준 강의를

연원으로 한다. 이 강의가 출판된 이유는 이 강의를 받아 적게

한 이유와 같다. 스피노자는 자기 철학을 제시하기보다 데카

---

12 이것이 레온 에브레오(아브라바넬)의『사랑의 대화』의 두 대화와 가깝다고 보기도 한다.
    스피노자는 그 책의 에스파냐어 번역본을 가지고 있었다.

르트 철학을 설명하고 싶어 한다. 이는 당대의 상이한 철학들 가운데 데카르트 철학이 우월했음을 함축한다 - 데카르트 철학은 거짓 관념들에 대항하는 전투를 개시할 수 있다. 이는 또한 스피노자가 스스로를 데카르트주의자로 여기지 않는다는 것, 그리고 적어도 이 책에서만은 자신과 데카르트 사이에 차이가 있음을 표방한다는 것을 함축한다. 스피노자 자신이 로데베이크 메이어르에게 이 차이를 서론에서 분명하게 언급하라고 요구하기 때문이다. "저자[스피노자]가 여기서 자신의 사상을 알리고 있다고 생각해서는 안 되며, 심지어 그가 찬동한 사상을 알리고 있다고 생각해서도 안 된다. 저자가 이 사상 중 어떤 것은 참되다고 판단하고, 또 어떤 것에는 자기 생각을 덧붙였음을 인정하기는 해도, 이 사상 중 많은 것을 저자는 거짓으로 거부하며, 그것들에 대해 심층적으로 상이한 확신을 가지고 대립한다." 가령, 의지와 지성의 구별에 반대함은 물론이거니와 "인간의 이해를 넘어서는 것들"이 존재한다는 데카르트적인 사고 등에도 반대한다. 지성을 인도하는 방법이 발견된다면, 모든 것은 이해되고 설명될 수 있다 - 그리고 이 길은 데카르트주의의 길은 아니다.[13]

『형이상학적 사유』의 경우, 집필 연대를 추정하기 어려운 이 책은 강단철학의 축을 따라 조직되었다.[14](1부는 일반 형이상학에 대한 것으로, 존재와 존재의 변용에 대한 이론, 그리고 초월자들을 다룬다. 2부는 특수 형이상학에 대한 것으로, 신과 신의 속성들, 인간 영혼을 다룬다.) 전통적인 어휘와 데카르트적인 어휘를 매개로 기존의 통념들을 차츰 변형하여 이후에 나올 스피노자적인 의미론적 게임에 가까이 가는 여정으로 볼 수 있다. 이 책에는 선악의 상대성 테제, 실체적 형상 비판, 실재적 우연류 비판, 사고상의 존재에 대한 비판[15]이 들어 있다. 그러나 (신의 단순성은 단언되지만) 실체의 유일성은 찾아볼 수 없다. 적어도 두 실체, 즉 사유와 연장이 있다는 것이다. 반대로 '속성'이라는 용어는 전통 신학에서 말하는 속성(선하고, 창조주이며 등등)을 가리킨다. 물론 이 속성의

---

13 『원리』의 자연학에 대해서는 *Cahiers Spinoza* 1, 2권(1977, 1978)에 실린 앙드레 레크리뱅(André Lécrivain)의 연구를 보라.

14 헤이레보르트는 2부의 마지막 장에서 의지와 관련하여 명시적으로 인용되고 있다.

15 [옮긴이 주] 이것들은 오직 실체와 양태만이 있기 때문에 불필요하다고 스피노자가 비판한 스콜라 철학의 개념들이다. (『형이상학적 사유』 1부 1장과 2부 1장을 참조하라) '사고상의 존재'는 실제로 존재하지는 않지만 우리의 기억, 설명, 상상을 도와주는 것으로, 예를 들어 종과 유, 시간과 크기, 극단과 한계 등을 들 수 있다. '실체적 형상'이란 한 인간의 '인간임', 한 마리 말의 '말임'과 같이 한 개체의 본질을 이루는 술어를, '실재적 우연류'는 본질 외의 부수적 술어들(우연류) 가운데 실체를 떠나서도 독립적으로 존재할 수 있는 술어를 가리킨다. '사고상의 존재'와 달리 이 둘에 대해 스피노자는 불합리하다는 언급만 할 뿐 설명조차 하지 않는다.

실재성을 공들여 제한하고 있기는 하지만 말이다. 마지막으로, 인간 영혼은 실체이기 때문에 영원하다.

요약해보자. 『소론』은 특수 형이상학의 영역에 자리 잡고 있다. 데카르트가 『성찰』의 헌사에서 신과 영혼을 형이상학적 연구(studia metaphysica)의 대상으로 본 것처럼 말이다. 반면 『형이상학적 사유』는 여기에 일반 형이상학을 추가한다. 이것은 칼뱅주의 형이상학에서 '존재론'이라는 이름으로 다듬어져 가고 있던 부분이기도 하다. 『윤리학』은 『소론』의 도식을 가져오면서도 그것을 해체해버린다. 처음에는 3부였다가 이후 5부로 재편된 『윤리학』은 신과 인간 영혼을 다루지만, 강단 형이상학은 이제 너무 협소해져버려 이 형이상학의 틀에 맞출 수 없게 된다.

『신학정치론』

사람들이 흔히 믿는 것과 달리, '신학-정치론'은 신학을 정치학에 대결시키는 것을 의미하지 않는다. 책의 부제는 이를 명확히 나타낸다. "여기서는 철학할 자유가 경건(pietas)이나 국가의 평화와 안전에 해롭지 않으며, 그 반대로 아주 유용하다는 것을 보여준다." 그러므로 대상은 철학할 자유이며, 그는 이 자유를 두 영역, 곧 신학(경건의 영역)과 정치(평화와 안전의 영역)에 대면시켜 본다. 둘 중 어느 한 영역에서 철학할 자유를 제한하거나 금지할 이유가 있는지 따져보기 위해서 말이다. '철학할 자유'를 어떤 뜻으로 이해해야 할까? 스피노자에게서 '철학'이라는 말은 두 가지를 의미한다. 우선 철학은 사변적 잡담을 뜻한다. 스피노자가 보기에 이것은 그리스인 '기질'(ingenium)의 한 특징이기도 하다.(물론 다른 민족들도 이를 계승할 수 있다. 그들은 이 모델을 바탕으로 스콜라 철학을 세웠다. 스피노자는 이를 "그리스인과 더불어 착란에 빠지기"라고 부른다.) 다른 한편, 철학은 이성 사용을 뜻한다. 현재 우리가 철학이라고 부르는 것에서만이 아니라 과학에서도 이루어지는 이성 사용 말이다. 이는 철학이 참됨을 함축하지는 않는다. 철학은 틀릴 수 있다. 중요한 것은 철학이 표현될 수 있다는 점이다. 이 정식은 서신에서 자주 발견되는데, 스피노자 쪽에서 쓰이기도 하고 그의 대화 상대자 쪽에서 쓰이기도 한다. "저는 당신에게 철학할 자유를 가지고 말합니다." – 이는 편견이 없는 사람들 사이에서 그렇듯이 특별히 조심하지 않고 말함을 뜻한다. 따라서 17세기에 이 표현은 흔히 통용되는 것이었다. 『신학정치론』의 위력은 이 흔한 개념을 그 때까지 허용되어 왔던 영역 바깥으로 확장한 데 있다 ─ 공개 적인 저서에, 그것도 공적 자유를 옹호하기 위해서 말이다.

공적 자유를 옹호해야만 한다면, 이는 분명 공적 자유를 반 대하는 적들이 있기 때문이다. 이 적들은 두 유형의 논변을 이 용하며, 이에 따라 『신학정치론』의 두 부분이 나뉜다.(두 부분의 길이는 다르다.) 두 부분은 책 제목에 있는 두 단어인 '신학'과 '정 치'에, 그리고 책의 부제가 가리키는 두 방향에 상응한다. 철학 할 자유가 경건에 해로운가?(앞의 15개 장) 철학할 자유는 평화 와 국가의 안전에 해로운가?(뒤의 5개 장) 따라서 논고는 이 두 관점을 차례로 채택한다. 물론 세부 분석에서는 사실상 두 영 역이 자주 뒤섞인다 ─ 실상 경건에 대한 규정들을 이해하려면 성서의 역사를 살펴보아야 하는데, 이는 히브리 국가의 역사 에 대해 언급한다는 것, 따라서 국가 일반의 필연성에 대해 1 부에서 이미 몇 마디 한다는 것을 함축한다. 이와 대칭적으로, 국가 권력을 잠식할 수 있는 위협 가운데서도 교회가 경건의 수호자로 자처하면서 내거는 요구들을 고려해야 하고, 따라서 다른 각도에서이기는 하지만 2부에서도 역시 종교적 문제로 되돌아가야 한다. 그러나 전체의 구조는 매우 분명하다. 1부는 경건을 위해 어떤 한계가 설정되는지를 확립하기 위해, 경건의 원천과 그 원천을 인식할 수단을 규정해야 한다. 여기에는 세 가지 운동이 포함된다. 우선, 계시의 도구를 탐구하는 첫 번째 운동 – 따라서 (1장부터 6장까지는) 예언, 신법(神法), [히브리 민족에 대한] 신의 선택, 의례, 기적이 분석된다. 다음으로, (7장부터 11장까지) 성서를 고찰하는 두 번째 운동이 있고, 마지막으로 (12장부터 15장까지) 성서를 신의 말씀과 대질하여, 신의 말씀의 정확한 범위와 그것이 철학할 자유와 맺는 관계를 한정하는 세 번째 운동이 있다. 2부는 국가의 평화와 안전을 위해 어떤 한계가 설정되는지를 확립해야 한다. 그러므로 어떤 권리들이 국가에 맡겨졌는지, 이 권리들이 구체적으로 어떻게 작동하는지를 규정해야 한다. 이는 아주 고전적이게도 사회계약에 대한 연구를 함축하며, 이보다는 훨씬 덜 고전적이지만, 사회계약이 실제로 어떻게 작동하여 지탱되는지에 대한 분석을 함축한다.(16장부터 20장까지)

첫 번째 운동에서는 스피노자가 예언에 대해 말하는 방식과 기적을 다루는 방식을 대질해보는 것이 유익하다. 둘은 동일한 목표에 이르는 반대 방향의 두 길이다. 예언은 누구나 경건의 규범으로 간주하는 계시의 필수 매개체로 등장한다. 그러므로 경건이 명하거나 금하는 것을 알려면 예언의 지위와 한계를 정하는 일이 중요하다. 그런데 예언자는 이제 더 이상 없으므로 성경이 제공하는 재료들이 연구 대상이 된다. 그래서 성격은 여기까지의 논증으로는 여전히 예언의 기록처럼 보이게 된다. 세 가지 물음이 제기된다. 첫째, 예언자란 누구인가? 둘째, 예언자의 고유한 대상은 무엇인가? 다시 말해, 예언자가 정당한 권리로 가르치는 것은 무엇인가? 셋째, 예언자의 대상이 아닌 것은 무엇인가? 다시 말해, 예언자가 말하기는 하지만 가르치지 못하는 것은 무엇인가? 그러므로 먼저 예언을 여타의 담론과 구별해주는 것이 무엇인지를 확립해야 한다. 예언자는 증명하는 자가 아니라 단언하는 자이다. 그는 진리를 표방하지만, 이성적 담론과 달리 증명에 기초하지는 않는다. 예언적 담론은 명령을 내리며, 이 명령은 실행을 요구한다. 예언자를 통해 말하는 자는 다름 아닌 신이며, 예언의 권위는 그것이 영감을 받았다는 사실에서 온다. 영감이란 무엇인가? 영감을 가령 망상 같은 것과 어떻게 구별하는가? 스피노자가 보기에 예언자는 특별히 생생하게 상상하는 경건한 사람이다. 따라서 여기서 다시 상상과 지성의 구별을 만나게 된다. 두 유형의 인간이 있다. 지성의 인간(자연의 빛, 이성에 의지하는 자)과 상상의 인간. 그리고 상상의 인간은 불의한 상황에 분개하여 사람들에게 정의와 자비를 더 많이 행할 것을 호소한다. 이는 예언자라는 인물형에 대한 세속적이지만 적대적이지 않은 해석이다. 향후 18세기의 프랑스 철학자나 비밀 문헌에서 볼 수 있는 것과 달리, 여기서 예언자는 사기꾼이라든지 미쳤다는 딱지가 붙지 않는다. 단지 과학적(철학적) 진리가 예언자의 변별적 특징이 아니라는 것뿐이다. 예언자는 무엇에 대해 말하는가? 예언자의 담론에는 실천적 내용이 있다. 정의와 자비 말이다 — 예언자는 정의와 자비의 요구들을 사람들에게 일깨운다. 정의와 자비만이 유일하게 모든 예언자에게 공통적인 주제이다. 나머지는 예언자의 기질, 특성, 습관에 따라 다르다. 이로부터 예언자가 말할 권위가 없는 대상이 무엇인지 연역할 수 있다. 예언자는 사변적 물음(예를 들어, 신의 본질은 무엇인가? 혹은 국가의 본질은 무엇인가?)에 대해 말하지 않으며, 그가 내놓는 답변들은 실천적이다. 예언자가 (태양을 향해 멈추라고 말하는 여호수아처럼) 천문학 문제를 다루는 것처럼 보일 때도, 그는 사실상 당대 사람들의 언어를 따르는데, 이는 단지 그가 이들과 의견을 공유하기 때문일 뿐이다. 그러므로 예언자가 자신의 고유한 대상을 말하는 순간과 그저 당대의 인식 상태를 반영할 뿐인 순간을 구별해야 한다. 예언자의 영감은 이론적 인식이 아니라 실천적인 문제들만을 겨냥한다. 예언자들은 윤리적 관점에서 보면 옳지만, 그들은 정치학의 전문가가 아니며, 수학의 전문가는 더더욱 아니다. 따라서 우리는 예언에서 단지 정의와 자비의 요구만을 간직할 수 있을 뿐이며, 어떤 경우에도 엄밀한 의미의 과학적 결론(예를 들어, 태양을 멈출 수 있다고 여호수아가 믿었음에도 불구하고, 과연 태양이 지구 주위를 도는지 아닌지를 결정하는 것)이나 정치학적 결론(예를 들어, 어떤 종류의 국가가 최선의 국가인지를 결정하는 것)을 도출할 수는 없다.

이 모든 증명에서 핵심은 적이 발 딛고 선 터로 옮겨 가는 일이다. 적이 예언이 이성보다 우월하다고 내세우는 이상, 그는 순전히 이성적이기만 한 논변은 거부할 것이다. 따라서 논거는 오직 계시 자체에서 끌어낼 수밖에 없다. 이 때문에 스피노자는 "오직 성서만으로"(Scriptura sola)라는 규칙을 실용적으로 정식화한다. 반대로 기적의 경우, 스피노자는 성서가 기적에 대해 말하는 바를 일단 확인하고 시작하는 수순을 밟지 않는다. 오히려 이성이 기적에 대해 인식할 수 있는 바를 진술한다. 이성은 자연 안의 모든 것이 항상적인 법칙들에 따라 이루어짐을 가르쳐준다. 기적이 이 법칙들의 위반이라면, 그것은 존재할 수 없다. 그러므로 기적에 대한 믿음만 분석하면 된다. 그런데 이와 같은 이성의 담론은 그런 다음 성서 자체에 의해 확증된다. 혹자는 "오직 성서만으로"의 규칙이 여기서도 계속 적용되고 있다고 여길 수도 있겠다. 그러나 실상은 어떤 변주가 도입되는 셈이다. 실로 예언자들의 상상적 텍스트가 어떻게 이성의 권리들을 표방할 수 있겠는가? 그러므로 성서의 어떤 텍스트는 예언이 아니라 지성에 속한다는 생각이 여기서 개진되고 있는 셈이다. 그것은 솔로몬이 썼다고 생각되는 텍스트이다. 따라서 스피노자는 조심스럽게 문학 장르 개념을 성경에 도입하면서, 성서와 예언의 동일시에 미묘한 변화를 준다. 여하튼, 계시의 도구들을 분석하는 이 단계에서는 성서가 아직까지는 그 자체로 연구되지는 않으며 그저 자료들을 길어내는 원천에 지나지 않는다.

반대로 두 번째 운동에서는 성서가 원천으로서만이 아니라 대상으로 간주된다. 과제는 성서의 의미와 지위를 검토하는 일이다. 스피노자는 해석의 방법을 구축하는데, 그 첫 번째 논점은 자연 해석의 절차와 성서 해석의 절차가 동일함을 긍정하는 것이다. 의미를 다루는 학문과 물리적 세계를 다루는 학문 사이에 근본적 차이는 없다. 이 입장은 확고하며, 후에 딜

타이와 그 계승자들이 본 해석학의 토대와는 정반대이다. 두 번째 논점은 "오직 성서만으로"라는 원칙을 새롭게 정식화하는 일이다. 이 원칙은 모든 개신교도의 성서 독해에 공통적이지만, 스피노자는 이를 완전히 다르게 이해한다. 통상 이 원칙은 성서 텍스트의 동질성을 상정한다. 성경을 문자 그대로 읽었을 때 성경의 많은 구절이 모호하고 모순되며 비도덕적임을 인정해야 한다면, 어떻게 성경이 자기 충족적이라 말할 수 있는가? 가톨릭은 전통과 권위로 표상되는 주석으로 성경을 덧칠함으로써 대답한다. 개신교도들은 이런 식으로 성경 텍스트에 무언가를 덧붙이기를 거부하는데, 그런 이상 그들에게 필요한 것은 모호함과 모순을 피하면서 개인적인 자의성에도 빠지지 않는 기준을 찾는 일이다. 그 기준이란 신앙의 유비 원칙으로, 모호한 구절을 명료한 구절을 통해 설명하는 것이다. 이 원칙 역시 성경이 하나의 전체일 때만 작동할 수 있다. 스피노자는 반대 입장이다. 창세기, 출애굽기, 레위기 등 성경의 상이한 편(編)들은 우리에게 상이한 시대와 상이한 행위자에 대한 정보를 제공한다. "오직 성서만으로" 탐구한다는 것은 결국 성서의 저자들이 말하려는 바를 다른 곳에서 – 그러니까 이성에서, 마찬가지로 이질적인 성격의 다른 성서 텍스트에서 – 찾기를 금한다는 것이다. "오직 성서만으로"라는 원칙은 오직 이것이다. 텍스트의 진리가 아니라 의미가 중요하다는 것. 모세나 여호수아가 참을 말했는지보다는 우선 그들이 말한 바를 아는 것이 중요하다. 그러므로 모세와 여호수아가 우리가 참이라고 알고 있는 것을 말하려 했으리라고 상정할 수 없다. 그래서 모세가 신은 불이라고 혹은 신이 질투한다고 말할 때, 이를 성급하게 비유적으로 해석하는 대신, 우선 이 표현들이 그 저자들의 사고방식에 대해 우리가 알고 있는 바와 합치하는지 아닌지를 탐구해야 한다. 그런데 위의 두 경우에 대한 대답은 상이하다. 우선, 우리는 맥락상 모세가 신을 비물질적인 존재로 표상했음을 알고 있다. 그러므로 모세가 문자 그대로 불로 신을 뜻하고자 했을 리는 없고, 이 표현을 비유적 의미로 해석해야 한다. 반대로, 모세는 정념이 없는 신을 한 번도 생각해본 적이 없다. 그러므로 신이 질투한다는 두 번째 정식은 문자 그대로 받아들여야 한다. 이런 식으로 성경은 일련의 단위로 분할되는데, 이 단위들의 기준은 각 편(編)의 작성자가 아니라 행위자이다. 이 방법은 『신학정치론』 7장에서 진술된 후, 이어지는 8~10장에서 구약성서에 적용되며, 11장에서는 신약성서에 적용된다. 적용 결과는 다음과 같다. 첫째, 성경 각 편(編)의 작성자는 통상 생각되는 바(「모세 5경」의 작성자는 모세이며 「여호수아서」의 작성자는 여호수아이다. 등등)와 다르다. 둘째, 역사적 성격의 편들에 나타나는 비일관성은 그것들 각각이 한참 나중에 합해졌을 뿐 아니라, 이 최종 작성본도 미완임을 입증한다. 마지막으로, 성서의 각 편들은 상이한 문학 장르에 속한다. 어떤 것은 이성에 속하고(솔로몬이 썼다고 생각되는 텍스트나 사도들의 서간) 어떤 것은 상상에 속하며(예언자들의 텍스트), 또 어떤 것은 왕국의 법률 텍스트이거나 단순한 연대기이다.

세 번째 운동은 이 비평 작업에서 결론을 끌어낸다. 성서 각 편의 한계를 분명히 하고 탈신성화할 목적의 — 그렇게 보이는 — 장들이 끝난 후, 혹자는 이렇게 반박할 수 있을 것이다. 성서 각 편의 진정성에 대한 믿음을 침식함으로써, 그것들의 이질적 성격을 강조함으로써, 예언을 상상으로 치부하고 기적을 자연법칙에 대한 무지로 치부함으로써, 당신은 결국 신의 말씀을 파괴하는 것 아닌가? 대답은 이렇다. 아니다, 신의 말씀과 성서를 구별한다면 말이다. 성경전서는 세속적인 책과 마찬가지로 부침을 겪는다 — 모호함의 문제, 귀속의 문제, 변질의 문제를 안고 있다. 반대로 신학 또는 신의 말씀은 성서 모든 편에 공통적인 불변의 핵이다. 이 핵은 정의와 자비의 계명으로 압축된다. 물론 정의롭고 자비로운 행위는 철학적인 논증의 귀결일 수도 있다. 그러나 신의 말씀은 정의와 자비를 논증을 거치지 않고 경험이나 예언자의 열정적인 호소를 통해 가르친다는 점에서 특수하다. 그런 이상, 우리가 예언자가 말하려 했던 내용의 세부사항이나 이야기된 역사의 모호한 일화들을 재구성해낼 수 있는지 아닌지는 중요치 않다. 중요한 것은 역사가 수많은 사례를 제공하는 핵심 메시지, 즉 이웃에 대한 행위이다. 그러므로 경건은 각자가 이 메시지를 수용하고 자기 자신에게 그럴듯한 것으로 만드는 데에, 즉 이 메시지를 자기 자신의 기질에 맞도록 만드는 데에 있다. 이 메시지의 어떤 것도 철학할 자유에 대립하지 않는다. 오히려 반대로, 철학할 자유를 금지하려는 자는 그럼으로써 각자가 성서 메시지를 자기 기질에 맞도록 만드는 것을 방해한다. 그래서 경건에 대립된다.

『신학정치론』의 두 번째 부분은 정치와 관련된다. 경건의 담론을 성서에 의거하여 문자 그대로 받아들이면서 시작했듯이, 스피노자는 국가의 담론도 고전주의 시대에 국가를 정당화했던 것, 곧 사회계약론에 의거하여 문자 그대로 받아들이면서 시작한다. 그는 주권이 계약에서 나온다는 이론을 진술한다.

여러 개인이 자연의 해악과 다른 사람들의 해악으로부터 스스로를 보호할 역량을 최대치로 갖기 위해, 계약을 통해 그들의 자연권을 그들이 구성하는 사회에 양도한다는 것이다. 이리하여 개인은 시민이나 신민이 된다. 하지만 이 이론을 상기한 후 곧바로 스피노자는 이 이론이 참이라 하더라도 실제로보다는 이론상으로만 참임에 주목한다. 실상 계약론 이데올로그들은 정념을 자연 상태에 전형적인 것으로 기술하고, 일단 국가가 수립되고 나면 국가의 순조로운 가동을 가로막는 장애나 걸림돌에 불과한 것으로 바라본다. 스피노자는 반대로 자연권과 정념의 권리를 동일시하고, 주권이 구성되더라도 이 관점에서 볼 때 바뀌는 것은 아무것도 없다고 천명한다.[16] 정념은 유감스러운 악덕이 아니다. 정념은 인간 본성의 본질적 부분이며, 계약 이후 정념이 기적적으로 사라질 이유는 전혀 없다. 귀결은 분명하다. 국가는 외적 원인보다 시민들에 의해 더

---

16 [옮긴이 주] 계약론자들이 '자연권의 양도'를 비가역적이거나(홉스) 거의 비가역적인 것으로(로크) 이해하는 데 반해, 스피노자는 이것을 가역적인 것으로 본다. 왜냐하면 권리 양도를, 더 큰 이익에 대한 희망이나 더 큰 해악에 대한 공포에 따라 움직인다는 정념의 견지에서 이해하기 때문이다. 따라서 각자가 양도한 자연권을 주권자가 보유하는 것(혹은 계약이 유지되는 것)은 희망이나 공포와 같은 정념이 유지되는 동안만이다.

위협받는다는 것이다. 물론 강제력으로 시민들의 정념에 맞설 수는 있지만, 이런 임시방편은 지속될 수 없다. 그러므로 국가는 한층 견고한 방어책을 찾아야 한다. 다른 정념들을 고취하거나 욕구와 이익을 충족시키는 것이 그것이다.(물론 이런 의미로 취해진 조치들이 그 목적을 달성할 것임을 시민들에게 설득해야 하는데, 이는 다시 정념과 상징의 문제가 된다.) 국가가 자신에 유익하도록 활용할 수 있는 정념 중에는 분명 종교적 정념이 포함된다. 그러나 이는 양날의 검이다. 누군가는 백성들을 부추겨서, 이전에는 존경하도록 교육받았던 왕을 미워하고 살해하도록 할 수 있다. 종교 기구에 필수적인 성직자들은 통제에서 벗어나자마자 자율성을 획득하거나 다른 것을 위해 봉사하며, 이 때문에 치료책이 오히려 사태를 악화시키게 된다. 따라서 더 이상 정념들의 평형이라는 신정 방식의 해결책을 기대할 수 없는 근대 국가에서는 주권자가 성직자를 통제해야 하며 그 역은 아니다. 홉스 역시 같은 것을 말했다고 생각할 수 있다. 그러나 전적으로 그렇지는 않으며, 한 가지 핵심 지점에서 다르다. 주권자가 종교 제도를 통제해야 한다고 하더라도, 반대로 시민들의 표현의 자유는 인정하고 보호하는 편이 주권자에게 이익이 된다. 이 자유가 없을 때 주권자는 가장 격렬한 저항에 부딪친다.

실상 시민들이 표현의 자유를 누리지 못하도록 거부하는 동기들은 대개 종교적인 기원을 가지고 있으며, 이런 동기들을 받아들이는 국가는 사실상 교회의 의지에 따르는 셈이다. 이런 식으로 『신학정치론』의 2부는 철학할 자유를 인정해야 할 필요성을 다시 한 번 이끌어낸다 ─ 이 자유가 추상적이며 규범적인 권리이기 때문이 아니라, 국가의 실질적 권리, 다시 말해 역량에 상응하기 때문이다.

『윤리학』

앞서 보았듯, 1659년 이래 스피노자는 철학적 신이라는 개념을 참된 율법의 탐구와 이를 실천하려는 관심과 연결했다. 올덴부르크에게 보낸 초기의 편지들은 이 주제를 이어 가고 있다. 여기서 그는 '철학적 자유'에 대해 말하며, 1661년 여름에 있었던 둘 사이의 대화는 신, 속성들, 사유와 연장의 관계에 대한 것이다. 달리 말해, 동일한 물음들이 이제는 철학의 전문용어로 제기되고 있으며, 새로운 자연학의 개념이기도 했던 데카르트의 개념들이 등장한다. 데카르트와 베이컨의 이름도 이때 등장한다. 이 기획은 『소론』과 『지성교정론』에서 처음으로 실행되었다. 그러나 스피노자는 곧바로 자기 철학의 대계를 드러내는 역작의 집필에 들어간 것으로 보인다. 그는 이 저작을 처음에는 "나의 철학" 또는 "우리의 철학"이라는 제목으로 말한다. 이 저작의 발췌본은 올덴부르크에게 보내는 서신에 들어 있으며, 시몬 더 프리스(Simon de Vries)가 주축이 된 암스테르담의 친우들 모임에서 그 단편들로 토론을 벌였음도 확인된다. 바우메이스터에게 보내는 1665년의 편지에서 스피노자는 "3부의 경우, 가까운 시일 내에 일부를 보내 드리겠습니다"라고 쓴다. 작업을 끝내지는 못했지만 정리 80까지는 보낼 수 있다고 덧붙이기도 한다. 그런데 현재 『윤리학』 3부의 정리는 80개가 안 된다. 따라서 그 당시 3부는 이후 『윤리학』 4, 5부로 이월될 재료까지 포함하고 있었으리라 가정해볼 수 있다. 대략 같은 시기에 책의 제목도 바뀐 것 같다. 실제로 스피노자는 블레이은베르흐에게 보낸 편지에서 이렇게 쓴다. "아직 출간되지 않은 저의 『윤리학』에서 저는" 신실한 사람은 항상적으로 정의를 욕망한다는 것, "이 욕망은 필시 신실한 사람이 자기 자신과 신에 대해 갖는 명료한 인식에서 연원한다는 것"을 "증명했습니다." 그런데 이 대목은 현재의 『윤리학』 4

부 정리 36~37의 내용이다. 그러므로 집필 완성까지 아직 먼 길이 남아 있다. 그런데 스피노자가 『윤리학』 집필을 잠시 중단한 것도 이 시기이다. 아마도 『신학정치론』 집필을 위해서일 텐데, 그는 1665년에서 1670년 사이 이 작업에 몰두했다. 따라서 1665년 이전에 작성되었고 세 부분으로 되어 있으며 처음에는 '철학'이라고 불렸다가 그다음에 '윤리학'이라고 불린 첫 번째 버전(『윤리학 A』)이 있다. 『신학정치론』이 출판된 이후에 스피노자는 다시 『윤리학』 작업을 개시했는데, 이는 1675년에는 완성되었음에 틀림없다. 왜냐하면 이때 스피노자는 그것을 출간하려고 암스테르담에 갔기 때문이다.(『편지 62』와 『편지 68』) ─ 그리고 암스테르담에서 목사들의 난리법석 때문에 출판을 포기한다. 이것이 라틴어 유고집으로 출판될 최종본(『윤리학 B』)이자, 우리가 실제로 가지고 있는 유일한 판본이다. 『윤리학 A』가 어떤 모습일지 재구성해보려면, 서신에 인용된 이 판본의 단편들을 짚어내고 최종 텍스트에서는 좀 더 오래된 구절들을 찾아봐야 한다. 여하튼, 각각의 구절이 집필된 시기를 언제로 가정하든, 스피노자가 그 구절을 최종본에 남겨 두었다면, 이는 스피노자가 이 구절이 변함없이 타당하며 전체와 일관된다고 판단했기 때문임을 염두에 두어야 한다. 그러므로 연대기적 불일치를 가정하고서 이를 들어 텍스트에 나타나는 외관상의 난점들을 설명하겠다고 나서는 것은 위험한 일일 것이다. 이렇게 재구성된 『윤리학』의 발생은 세 가지 물음을 제기한다.

1. 제목은 왜 바뀌었는가?
2. 3부로 이뤄진 1665년의 『윤리학』이 우리가 현재 가지고 있는 5부로 구성된 『윤리학』으로 바뀐 까닭은 무엇인가?
3. 우리가 진술들의 지위 변경을 짚어낼 수 있는가?

첫 번째 물음에 대해서는 두 가지 대답이 가능한데, 두 대답은 양립 가능하다. 스피노자 연구자 베르나르 루세(Bernard Rousset)는 횔링크스(Geulincx)의 『윤리학Ethica』이 등장했기 때문에 제목이 변경되었을 것이라 가정한다. 개별성 일체를 거부하고 개별성에 아무 권리도 주지 않는 횔링크스의 엄격한 신스토아주의 철학(자기애(philautie)는 그에게 주요한 죄이지만 스피노자에게서는 덕이다)이 스피노자 철학의 모델 역할을 했기 때문이 아니다.(역으로 횔링크스 철학은 스피노자의 적대자들이 희화화한 스피노자 철학의 모습과 아주 흡사하다.) 오히려 바로 이 대립 때문에 스피노자는 두 관점을 나누는 경계에 관심을 갖게 되었을 수 있다. 두 번째 가설은 『철학』이 여전히 데카르트적인 제목(가령 『철학의 원리』처럼)이라는 점을 강조하는 입장일 것이다. '철학'이 하려는 것은 세계에 대해 알 수 있는 모든 것, 그러니까 인식과 오류에 대한 이론에서부터 화산과 기상에 이르기까지 모든 것을 설명하는 것이다. 반대로, 스피노자의 의도는 그렇지 않다 ― 그가 하려는 것은 독자들을 지복에까지 "손수" 인도하는 것이며, 신에 대해서나 세계에 대해 그가 일깨우는 모든 것은 오직 이 목표만을 지향한다. 모든 것을 완결적으로 설명하는 것이 아니다. 그러므로 책의 이름을, 그리고 철학 자체의 이름을 그 마지막 단계로 부르는 것은 정당하다. 아마도 다름 아닌 블레이은베르흐와의 서신이 스피노자에게 이런 특수성을 자각하도록 해주었을 것이다. 왜냐하면 블레이은베르흐는 『원리』를 읽으면서 이론적 물음의 배후에 있는 주요 쟁점을 정확히 짚어냈기 때문이다. 선악의 문제 말이다.

두 번째 물음, 왜 3부가 아니라 5부인가라는 물음에 대해서는 우선 양 때문이라고 대답할 수 있다. 『윤리학 B』에서는 정리들의 수가 상당히 증가했으며, 비대해진 예전의 3부를 나누는 편이 좋은 책을 작성하는 규칙에 더 부합했다. 그러나 이와 같은 양적인 대답에 만족할 수는 없다. 이 3부는 인간 정념을 다루고 있는데, 이것이 1670년 이후에 늘어난 이유는 무엇인가? 『신학정치론』 집필이 이와 전혀 무관하지는 않을 것이다. 종교적 영역 및 정치적 영역의 횡단, 그리고 이 횡단이 함축하는 인간 상호관계에 대한 분석의 결과, 이 물음들에 대한 스피노자의 관심은 커지고 그의 분석은 정교해져 갔으며, 이 점이 현행 판본에 구현된 보다 세밀한 분할의 이유일 것이다.

마지막으로 셋째, 진술들의 지위 변화를 평가할 수 있을까? 1661년 올덴부르크에게 보낸 편지의 네 개의 공리는 현재의 『윤리학』에서는 네 개의 정리가 되어 보다 근본적인 원리들로부터 증명된다. 여기서 확인되는 것은 스피노자가 발생적 증명에 있어서 최대한 멀리까지 거슬러 올라감으로써 주장의 급진성을 강화하는 방식으로 작업한다는 사실이다.

방법. 사람들은 종종 『기하학적 방식으로 증명된 윤리학』이 기하학적 방법에 따라 작성되었다고들 하며, 여기서 말하는 기하학적 방법은 공리, 정의, 요청, 정리, 증명과 주석의 연쇄를 뜻한다. 게다가 그것은 페아노(Peano), 힐베르트(Hilbert), 프레게(Frege) 이래 운위되는 공리계로 해석되는 경향이 있다. 이럴 경우 스피노자가 자주 자신의 방법을 위반하고 있음은 쉽게 증명할 수 있다. 그런데 이것이 "기하학적 방식으로"가 의미하는 바가 아니라면? "기하학적 방식으로"는 오히려 『윤리학』 1부 부록에서 진술한 바대로 이해해야 한다. 즉 수학자들이 하듯이 대상의 가정된 목적이 아니라 대상의 본성과 특성들을 연구하는 것으로. 이는 세 가지 절차에 따라 실행된다. 첫째, 증명의 절차. 이 절차는 실제로 기하학에서 빌려온 외적 형식을 이용한다.(여기서의 기하학은 우리 시대의 기하학이 아니라 17세기의 기하학이다.) 둘째, 논박의 절차.(이는 특정 개인이 아니라 편견을 논박하는 것과 관련된다. 스피노자가 논적들을 호명하는 경우가 드문 것도 이 때문이다 — 스피노자는 스토아학파를 두 번, 데카르트를 두 번 호명하며, 호명할 때조차도 이들의 문제의식을 세부적으로 다루기 위해서가 아니라 어떤 이론적 입장의 예시로서 호명한다.) 마지막 세 번째는 예증 혹은 참조의 절차라고 부를 수 있을 텐데, 다만 이 절차를 부차적인 장식을 덧붙이거나 교육적인 부언을 하는 것으로 이해해서는 안 된다. 이 절차는 추상적인 문법을 전혀 포함하고 있지 않은 재료를 성찰하게끔 한다. 이 마지막 절차의 이론적 중요성이 제일 많이 간과되어 왔다. 특히 『윤리학』 3~5부에 풍부하게 들어 있는 사례 및 경험에의 호소가 갖는 지위가 그렇다. 그러나 이 차원은 더 멀리까지 미치는데, 속성들에 대한 추상적인 구문론으로 간주되는(실제로 부분적으로는 그렇다)『윤리학』1부에서부터 나타난다. 처음의 정리들만 해도 각각 삼각형, 인간, 생물학적 본성과 관련되는 자그마치 다섯 가지 사례가 등장한다. 특히 사유와 연장에 대한 참조는 독자가『윤리학』독해 이전에 이미 이것들을 알고 있음을 가리킨다.[17]

'신에 대하여'라는 제목의『윤리학』1부는 신이 무한한 속성들 ― 이 중에서 우리가 인식하는 것은 사유와 연장이다 ― 로 구성된 유일 실체라고, 우주에 존재하는 모든 것은 이 실체의 (다시 말해 실체의 속성들의) 변양들('전문' 용어로는 양태)로 이루어진다고 진술한다. 이 신은 계시종교의 신이 아니며, 세계를 자유의지로 창조하지도 않고, 세계를 초월하지도 않는다. 신은 필연적 법칙들의 거처이며, 또한 ― 신의 본질은 역량이기에 ― 무한히 많은 결과를 필연적으로 산출한다. 마찬가지로 각 사물도 결과들을 산출한다.『윤리학』1부 마지막 정리의 진술대로

---

17 [옮긴이 주] 사유와 연장은『윤리학』2부 정리 1, 2에 가서야 정의되는데, 이미 1부에서 증명을 위해 사용되고 있다.(가령 1부 정리 14의 따름정리에서 연장과 사유를, 그리고 정리 15의 주석에서 연장을, 정리 21의 증명에서 사유를 참조하고 있다.)

"아무런 결과도 따라 나오지 않는 것은 자연 안에 존재하지 않는다."

여기 1부에서 말해지는 것은 증명되나, 무(無)로부터 증명되는 것은 아니다. 스피노자 추론의 급진성이 전제 없는 시작에 있는 것은 아니다. 반대로, 공리와 정의를 눈여겨보면, 이것들이 "철학자 독자"와 편견에 빠져 있는 독자 사이의 차이를 기정 사실로 상정하고 있음을 알 수 있다. 자연이 법칙들에 지배된다는 것, 사물에 원인이 있다는 것, 세계 안에서 관찰된 현상들은 이와 같은 법칙들과 원인에서 통일된다는 것 ― 이를 깨달은 자에게만 1부 초반의 진술들이 의미가 있는 것이다. 이러한 조건에서만 '실체'와 '양태'라는 용어는 의미를 지닌다. 실체 관념은 세계의 합법칙성에 대한 이런 자각을 보고하고 있다. 또한 유일 실체의 관념을 향해 가는 길은 이러한 자연법칙들의 통일성을 구축하는 길이기도 하다.

속성 개념은 주석가들의 수많은 논쟁을 촉발했다. 어떤 주석가들은 속성을 실체보다 열등한 등급의 존재로 보고자 했다.(이 경우, 실체, 속성, 양태 사이에 위계가 형성될 것이다.) 하지만 스피노자는 속성들이 실체의 본질을 구성할 뿐, 실체의 강등이 아니라고 분명하게 말한다.("신, 즉 신의 모든 속성들"(『윤리학』 1부 정리

19), 또한 1부 정리 4의 증명도 참조하라.) 그런데 만일 두 용어가 같은 것을 말한다면, 굳이 두 용어를 써야 할 이유는 무엇인가? 그 이유는 데카르트 철학에서처럼 실체가 속성을 통해 인식되기 때문이다. "나는 속성을, 어떤 실체에 대해 그 본질을 구성한다고 지성이 지각하는 것으로 이해한다."(『윤리학』 1부 정의 4) 여기서 피해야 할 또 다른 두 가지 오해가 있는데, 그중 두 번째는 이력이 길다. 첫째, 이는 실체가 '그 자체로'는 인식 불가능하다는 뜻이 아니다. 오히려 속성을 인식한다는 것은 정확히 실체를 있는 그대로 인식한다는 것이다. 둘째, 이는 또한 속성들이 실체를 바라보는 한낱 '관점들'에 불과하다는 것을 뜻하지도 않는다. 속성들은 실체를 실재적으로 구성하는 것이다. 스피노자가 지성을 언급한 것은 인식의 객관성의 정도를 감소시키기 위해서가 아니다. 정반대다. 우리가 적합한 방식으로 신을 인식할 때, 우리는 신을 그 자체로, 즉 신이 그 자신을 인식하는 대로 인식한다는 것이다.(게다가 스피노자가 여기서 '지성'을 언급할 때, 그는 이 지성이 인간 지성인지 신의 지성인지를 정확히 밝히지 않는다.) 잔여도 신비도 없다. 우주는 그 원리상 완전히 지성적으로 파악 가능하다. 이것이 『윤리학』 1부의 첫 번째 교훈이다.

두 번째 교훈은 이해하기란 곧 원인을 통해 이해하기라는 점이다. 존재한다는 것은 곧 원인이라는 것에 다름 아니기 때문이다. 실체와 양태의 밀접한 연관 때문에 만물은 역량으로 생동하게 된다. 다름 아닌 신의 역량으로 말이다. 신 자신도 스스로를 양태화할 때만 신이며, 양태 각각은 결과를 산출할 때만 양태이다.

1부의 말미에 달린 부록에서는 방금 제시된 것을 이해하지 못하도록 방해하는 편견들의 주요 뿌리가 제시된다. 자유의지와 목적성이라는 이중의 가상이 그것이다. 이와 동시에, 비평가들이 대개는 덜 주목했던 또 다른 뿌리가 등장한다─우리가 원인이자 결과로 존재하는 우주와 우리가 살아가는 세계 사이의 차이 말이다. 후자는 유용성의 세계, 행위의 세계, 의식의 세계, 가능한 것의 세계이다.[18] 이 세계는 가상적이지는 않지만 가상을 만들어낸다. 그럼에도 우리는 이 세계에 거주한다. 이는 『신학정치론』이 이미 가르쳐주었던 바이기도 하다.

---

18 의식에 대해서는 Lia Levy, *L'automate spirituel. La naissance de la subjectivité moderne d'après l'Éthique de Spinoza*, Van Gorcum, Assen, 2000를 보라. [옮긴이 주] 여기서 '우주'는 법칙과 필연성이 작동하는 객관적인 곳이며 과학(학문)에 의해 파악된다. 반면, '세계'는 목적과 가능성이 작동하는 주관적인 곳이며 일상적으로 이해된다. 우주를 이루는 것이 원인과 결과의 인과관계라면, 세계를 이루는 것은 도구와 목적, 의미이다.

"원인들의 연쇄에 대한 이런 보편적인 고찰은 개별적인 것에 관해 우리 사고를 형성하고 정돈하는 데는 전혀 소용이 없다. 사물들의 연관과 연쇄 자체에 대해 우리가 완전히 무지하다는 점도 덧붙이자. 그러므로 삶의 유용성을 위해서는 사물을 가능한 것으로 간주하는 편이 낫다 – 나아가 이는 불가결하기까지 하다."[19]

『윤리학』 2부는 영혼의 본성과 기원을 다룬다.(「영혼의 본성과 기원에 대해(De natura et origine mentis)」) 그런데 2부는 역설적이게도 물체들이 무엇인지, 특히 인간 신체가 무엇인지에 대한 대략적인 재구성을 경유한다. 혹자는 실제로『윤리학』1부의 일반적인 '구문론' 이후 여기 2부에서는 인간에 대한, 적어도 인간 영혼에 대한 정의를 찾아볼 수 있고(가령, 인간 영혼이 신체를 대상으로 하는 관념이라는 대목을 읽을 때), 그런 다음 '인식 이론'을 찾아볼 수 있으리라고 기대할지도 모르겠다. 그러나 꼭 그렇지는 않다. 2부의 운동을 이해하는 데 가장 도움이 되는 것은 아마도 정리 13의 주석일 것이다. "우리가 지금까지 보여준 것은

---

19 『신학정치론』 4장 1절.

인간과 그 밖의 개체들에 전적으로 공통적이면서도 똑같이 관련되는 것이었다. 인간 외의 개체들도 다양한 정도이기는 하지만 영혼을 가지고 있다. 실상 신을 원인으로 하는 그 어떤 사물에 대해서나 필연적으로 신 안에 어떤 관념이 있다. 인간 신체에 대한 관념이 있는 것과 같은 방식으로 말이다. 그래서 그 어떤 사물에 대한 관념에 대해서도 반드시 우리가 인간 신체에 대한 관념에 대해 말했던 바를 말해야 한다."

우리는 여기, 즉 2부의 처음 13개 정리들에서 무엇을 배웠는가? 세 가지를 배웠다. 우선 신이 '사유하는 것'이자 '연장된 것'임을 배웠다 ― 이 두 속성은 사유도 연장도 언급하지 않던 『윤리학』 1부의 정의와 정리로부터 증명된다. 그러므로 정의 내용은 매번, 물체들과 사유들이 존재함을 우리가 목도한다는 사실로부터 제공된다. 다음으로 우리가 배운 것은 "관념들의 순서 및 연관은 사물들의 순서 및 연관과 같은 것"이라는 점이다 ― 왜냐하면 사유와 연장은 유일 실체의 두 속성이기 때문이다. 마지막으로 우리가 배운 것은 인간 영혼의 현행적 존재는 어떤 관념이라는 것(왜냐하면 관념 없는 사랑, 욕망 같은 여타의 사유 양태들이 가능하지 않기 때문에), 그리고 이 관념은 자기 대상에 일어나는 모든 것을 지각한다는 것이다.(조금 뒤에서 보겠지만, 물론 이는 이 관념이 자기 대상에 일어나는 모든 것을 적합하게 지각함을 뜻하지는 않는다.) 그런데 인간 영혼은 어떤 물체가 수많은 방식으로 변용됨을 느낀다. 따라서 인간 영혼은 이 물체에 대한 관념이며 "인간 신체는 우리가 그것을 느끼는 대로 존재한다."(2부 정리 13과 따름정리)

이 지점에서 우리는 이 모든 것이 특별히 인간에게만 해당되지는 않음을 알게 된다. 다른 물체는 다른 영혼의 대상이다. 그렇다면 인간에 대해 어떻게 말할 수 있을까? 혹자는 인간을 정확히 차별화시키는 단절선이 이 순간 진술되리라고 기대할 수도 있겠다. 그러나 그 반대다. 2부 정리 13과 14 사이에 매우 축약적으로 제시된 자연학적 우회와 준(準)-생물학은 존재자들의 위계를 합성의 정도 및 외부 세계와 맺는 관계의 많고 적음에 따라 구성해 간다. 여기서 '영혼'이라는 단어는 언급되지 않으며, 인간 개념 자체가 형용사 형태로만, '인간적인 물체'[이하에서는 관행대로 이를 '인간 신체'라 번역한다]를 기술하는 여섯 공준들에서 제시된다.[20] 유일하게 알 수 있는 것은 어떤 물체가 다른 물체보다 더 복잡하며 외적인 것과 더 많은 관계를 맺는다는 것이다. 순전히 정도의 차이만 있는 것이다. 장차 스피노자의 이론적인 효율성은 처음의 이 미약한 차이로부터 마침내 전면적인 분기를 끌어내는 데 있게 될 것이다. 『윤리학』 4부 정리 35에서 우리는 이성이 인간에게 다른 인간에 대한 것과 인간을 제외한 나머지 자연에 대한 것으로, 실천적으로 대립하는 두 행위 규칙을 명한다는 것을 배울 것이다. 곧 사람들과는 화합을 추구해야 하지만, 자연의 나머지는, 특히 동물들은 이용할 수 있다는 것이다. 화합 대 이용 — 출발선상의 공통성이 결국 건널 수 없는 단절선을 만든다.[21]

그사이, 2부 정리 13 뒤에 나오는 일련의 공리, 보조정리, 공준들은 앞서 증명된(또한 인간에게만 해당되지는 않는) 것으로부터, 인간에 대한 정의를 제공하지도 않고 따라서 인간의 본질을 인식한다고 참칭하지도 않으면서, 인간을 자연의 나머지 것과 구별해주는 것을 좀 더 잘 가려내는 접근 방식으로 이행하

---

20 [옮긴이 주] 『윤리학』 2부 정리 14 직전에 나와 있는 공준(postulates)을 말하는데, 이들 여섯 개의 공준은 모두 '인간적인 물체', 즉 인간 신체를 다루고 있다. 가령, 첫 번째 공준은 "인간적인 물체[인간 신체]는 상이한 본성을 지닌 수많은 개체들로 합성되어 있으며, 이 개체들 각각도 고도로 합성되어 있다"고 언급하고 있으며, 마지막 여섯 번째 공준은 "인간적인 물체[인간 신체]는 외부 물체들을 다양한 방식으로 움직이며 배치시킬 수 있다"고 말하고 있다.

21 게다가 [인간과 나머지 자연 간의] 공통성을 이유로 스피노자를 준거로 삼는 생태주의자들은 이 공통성을 불가피하게 단절로 이끄는 논리를 무시하고서만 그렇게 할 수 있다. 이런 행보는 아르네 네스(Arne Naess)의 작업에서 찾아볼 수 있다.

게 해주어야 한다. 이 최소의 인간학은 어떻게 실행되는가? 스피노자는 "[관념의] 대상들이 서로 다르듯 관념들도 서로 다르다"고 진술한다. 이 때문에 인간 영혼의 차이점을 생각하고 싶다면 "반드시 그 대상의 본성을 인식해야 한다." 그러므로 영혼을 연구하는 스피노자의 논리를 따라가면 우리는 [영혼의 대상이 되는] 물체들 간의 차이에 이르게 된다. "한 물체가 다른 물체들에 비해 동시에 더 많은 방식으로 작용하고 작용받을 소질이 있을수록, 그만큼 이 물체의 영혼은 다른 영혼들에 비해 동시에 더 많은 것을 지각할 소질을 지닌다." 그러므로 더와 덜, "많은"과 아주 많은(plurimis modis, plurimis corporibus)과 같은 언어는 이처럼 인간의 변별적 특징을 모색하는 규정어이다.

이렇게 하여 우리는 무엇을 배우는가?

첫째, 인간 신체는 매우 높은 정도로 합성되어 있다. 이것은 인간을 특징짓는 특질 중 하나이지만, 인간만의 절대적 종별성은 아니다.(정도가 덜하긴 해도 다른 물체들 역시 합성되어 있다.)

둘째, 인간 신체는 자주 외부 물체들에 의해 변용된다. 단순 물체는 외부로부터 단지 충격만을 받아들일 뿐이다. 인간 신체는 아주 많은 것들에 의해 아주 많은 방식으로 변용된다.(또한 재생된다.) 마찬가지로 인간 신체는 이것들을 아주 많은 방식으로 움직이고 배치할 수 있으며(『지성교정론』에서 말한 자연적 도구가 아마 이것일 것이다), 일반적으로 말해, 인간 신체는 자신의 환경과 맺는 관계의 풍부함에 의해 특징지어진다.

마지막으로, 인간 신체는 유동체, 무른 물체, 단단한 물체로 합성되어 있다. 인간 신체의 극도의 복잡성은 자연학 용어로로 번역된다. 인간 신체 조직의 특수성 – 인간 신체의 구성요소들 사이의 차이 – 때문에 인간 신체는 자신을 변용시키는 것들의 흔적을 간직하는 데 특별히 소질이 있다. 스피노자에게는 인간에 대한 이상적인 정의가 필요치 않다. 외적인 마주침은 기억되며, 아마도 이것이 인간 신체의 가장 변별적인 특징일 것이다.(이에 대해서도 스피노자는 다른 물체들이 이것을 할 수 없다고 말하지는 않는다. 다른 물체들은 할 수 있는 정도가 다만 덜하다고 상정할 수 있다.) 이와 같은 단순한 표상만으로도 충분히 스피노자 철학 전체를 구축할 수 있다.

우선 여기에 없는 것을 짚어 두자. 코기토나 코기토 자리에 올 수 있을 모든 것이 빠져 있다. 『윤리학』 2부의 한 공준은 ("나는 생각한다"가 아니라) "인간은 생각한다"라고 (잘 알려진 공인된 사실로서) 진술한다. 사유만큼 중요한 것도 없지만 사유는 결코 토대가 아니다. 그리고 질 들뢰즈의 탁월한 정식대로, 사유는 의식을 초과한다. 주체가 의식하기 전에도 사유는 있다. 어떤 면에서 보면, 텍스트의 이어지는 부분 모두는 숫제 주체성이 어떻게 구성되는지를 보여줄 것이다. 그러나 이때의 주체성은 국지적이고 단편적이며 빈틈이 있는 주체성에 불과하다.

그런 다음 우리는 『지성교정론』의 지각 양식들과 다시 만나되, 다른 이름으로, 그리고 다른 관점에서 만나게 된다. 인간 신체에 대한 규정 덕분에 지각 양식들은 '인식론'의 측면에서가 아니라 인식 종류들의 산출 이론을 통해 제시될 수 있다. 핵심은 각각의 인식 종류가 신체와 영혼의 구성상 필연적인 방식으로 발생됨을 보여주는 것이다. 이를 심지어 '역사적 인식론'이라 부른다고 해도 그리 터무니없지는 않을 것이다.

1. 첫 번째 종류의 인식[이하 '1종의 인식']은 외부 세계와의 마주침에서 유래하는 인식이다. 이러한 마주침 각각에는 이미지, 즉 신체적 흔적이나 신체적 변양이 상응한다. 각각의 신체적 이미지에는 이미지에 대한 관념[아래에서는 '상상']이 상응한다. 이 점은 아마도 어떤 물체, 어떤 영혼에나 적용되겠지만, 정도는 다르다. 다른 물체나 영혼에 비해 인간은 외부 세계에 의해 훨씬 더 많이 변용되며, 따라서 훨씬 더 많은 상상을 지닐 것이

다. 이러한 상상은 적합한 인식을 제공하지 않는다. 상상의 관념은 외부 세계와 내 신체의 마주침에 대한 관념일 뿐, 외부 세계의 실재적 구조에 대한 것이 아니다.(불꽃 가까이 손을 내밀어 데인 사람이 이로부터 불꽃이 무엇인지에 대한 적합한 앎을 끌어내지는 못한다.) 그러므로 나는 외부 세계에 대한 생생하고도 강렬한 인식을 획득하지만, 적합한 인식, 다시 말해 사물들의 내적 구조에 대한 인식을 획득하지는 못한다. 외부 세계의 이미지와 나란히 나는 또한 내 신체의 이미지들도 갖는데, 이것들 역시 적합하지 않다.(배고픔이 내 위장의 구조에 대한 인식을 제공해주지는 않는다.)

그러므로 첫 번째 종류의 인식을 통해서 나는 외부 세계에 대한 적합한 관념도, 내 신체에 대한 적합한 관념도 획득하지 못한다. 그렇지만 내 신체, 외부 세계, 신, 나의 영혼에 대한 부적합한 관념은 유용하다. 무엇보다도 부적합한 인식은 가상도, 원죄도, 의지의 잘못도 아니다. 그것은 인간 삶의 객관적 과정에 뿌리를 두고 있다. 따라서 부적합한 인식은 그 자체 외부 세계와의 통제되지 않은 마주침인 삶의 일상 과정에 의해 끊임없이 재생산되고 강화된다.

2. 사정이 이렇다면, 두 번째 종류의 인식[이하 '2종의 인식']인 이성에 접근하기란 단적으로 불가능하지 않느냐고 물을 수 있

다. 사실 이성의 경우에도 우리는 우리 자신의 신체로부터 출발해서 거기에 접근한다. 실상 내 신체와 외부 세계에 공통되는 특성이 있다. 우리 안에는 공통관념이 있는데, 이것은 연장에서의 이런 공통 특성에 상응하는 사유에서의 상관자이다. 공통관념은 필연적으로 적합하다. 가령 연장의 관념, 운동의 관념, 형태의 관념이 그렇다. 그러나 이 적합한 관념들도 우선은 부적합한 관념들에 잠겨 있고 뒤덮여 있다. 2종의 인식에 접근한다는 것은 (모든 사람이 가지고 있는) 공통관념들로부터 출발하여 이성을 발달시키는 일이다.(이는 몇몇 사람만이, 그리고 힘들게 해내는 일이다.) 달리 말해, 모든 사람이 이성적이지는 않으나 모두 자기 안에 이성의 씨앗은 가지고 있다. 상상의 생생함은 이성의 발달에 장애가 된다. 이성이 일단 발달하기 시작하면, 그것은 적합한 관념들의 연쇄를 이끌어 간다.

그러나 이 인식은 우리에게 단지 보편적 법칙들을 제공할 뿐이다. 어떤 독특한 본질에 대한 인식도 제공하지 않는다. 그러나 이 인식이 발달해감에 따라, 이 인식을 통해 자연법칙의 보편성과 합리성의 원리인 신의 관념에 가까이 가게 된다.

3. 마지막으로 세 번째 종류의 인식[이하 '3종의 인식']은 직관지에 의한 인식이다. 이 인식은 신의 관념 — 더 정확히 말해, 신

의 몇몇 속성들의 본질에 대한 관념 - 을 원리로 하며, 이로부터 독특한 사물들의 본질들을 연역해낸다. 공통관념과 마찬가지로 신의 관념은 우리에게 처음부터 있었으나 우리는 이를 감지하지 못했다. 신의 관념을 어떻게 감지하는가? 달리 말해, 어떻게 2종의 인식에서 3종의 인식으로 이행하는가? 아마도 2종의 인식에서 충분히 진전을 본 자는 보편적 원리로서의 신의 관념에 도달할 것이다. 그에게 남은 일은 이 원리를 살아 움직이게 하는 독특한 본질을 드러내는 것뿐이다.『윤리학』의 시작 부분은 2종의 인식의 획득물('실체', '속성', '양태'라는 용어가 이를 요약하고 있다)을 결산하여 독특한 실체의 관념으로 나아간다.

그러나 '직관'이라는 단어나 이 단어의 전통적인 용법에 미혹되어서는 안 된다. 여기서의 직관은 신비적인 도취도, 이성의 초월도 아니다. 직관지는 철저하게 증명적이다. 직관지는 어떤 의미에서는 2종의 인식보다 멀리 나아가지 않는다. 스피노자는 진정한 단절이 2종의 인식과 3종의 인식 사이가 아니라 1종의 인식과 2종의 인식 사이에 있음을 강조한다. 앞서 보았듯『신학정치론』에서도 스피노자는 자신이 지성 또는 자연의 빛 또는 이성으로 지칭하는 심급을 통괄하여 상상에 대립시키며, 이 심급은『윤리학』에서 구별한 2종 및 3종의 인식과 등가적이다. 이 때문에, 종종 시도되었던 것처럼 이성보다 우월한 심급이 있으리라는 구실로 스피노자 철학을 비합리주의로 특징짓기란 불가능하다. 2종의 인식과 3종의 인식의 진짜 차이는 절차에 있다. 2종의 인식에서는 보편적인 법칙이, 반면 3종의 인식에서는 본질에서 본질로의 연역이 있다. 3종의 인식은 더 명료하다는 점에서, 그리고 앎의 단계들을 더 직접적으로 연결한다는 점에서는 2종의 인식보다 우월하다. 그러나 2종의 인식보다 더 적합한 것은 아니다.[22]

『윤리학』 3부는 명시적으로 정서의 본성과 기원을 다룬다. 정서는 두 종류, 즉 능동 정서와 수동 정서[아래에서는 관례대로 '정념'이라 옮긴다]가 있다. 정념은 우리에게 무력함과 분열을 느끼게 한다 ─ 아마도 이것이 스피노자주의에서 예속이라 부르는 것에 대한 근본적인 체험일 법하다. 그러므로 자유의 탐구는 정념의 치료법과 이성의 역량을 발견하는 일이 될 것이다. 주지하듯 스피노자는 신체에서 수동인 것은 영혼에서 능동이

---

22 직관지에 대해서는 P. Cristofolini, *La scienza intuitiva di Spinoza*, Naples, Morano, 1987 를 보라.

고 그 역도 성립한다는 데카르트적 대립을 받아들이지 않는다. 그와 반대로, 주석가들이 부적절하게도 평행론이라고 부르는 원리, 그러나 실제로는 속성들이 하나라는, 따라서 영혼과 신체가 하나라는 원리에 따라, 모든 신체 활동 역량의 증가에 상응하여 영혼의 활동 역량도 증가한다. 영혼과 신체는 그것들이 적합한 원인일 때 다 같이 능동적이며, 부적합한 원인일 때 다 같이 수동적이다. 그러므로 능동성으로의 이행은 정서들의 삶에 대한 인식을 함축하는데, 바로 여기서 스피노자는 17세기에 어디서나 찾아볼 수 있었던 정념에 대한 공통 담론과 만난다 ─ 이 시대 거의 모든 철학자들은 자기 학설 안에 정념 이론을 일부 포함시켜야 했고, 신학자, 정치가, 극 이론가들은 이 영토에서 철학자들과 합류했다. 그렇다고 해서 스피노자가 이 공통 담론을 모든 사람이 진술하는 형태로 가져왔다는 뜻은 아니다. 『윤리학』의 저자는 정념들을 기술하되 특히 발생적으로 재구성한다. 이는 스피노자가 정념들을 이성적 순서에 따라 분류한다는 것만이 아니라, 우선 이 순서가 정념들이 산출되는 순서임을 함축한다. 그러므로 특정 정념을 말하기에 앞서 정념 발생의 메커니즘을 명백히 밝혀야 한다. 그러니까 우선 무엇이 원초 정념인지 보여준 다음, 어떤 현상이 이 원초 정념을 분화하고 연합시키며 변형하고 있는지를 가리켜야 한다. 원초 정념은 자기 존재를 유지하려는 노력[코나투스]과 활동 역량의 변양들이 취하는 최초의 형태로, 여기에는 세 가지가 있다. 욕망, 기쁨, 슬픔이 그것이다. 욕망, 이것은 자기 존재 안에 머무르고자 하는 경향이다. 기쁨, 이것은 우리 활동 역량의 증가이다. 슬픔, 이것은 우리 활동 역량의 감소이다. 이러한 원초 정념들이 겪는 변형은 크게 두 범주로 나뉘며, 인간의 삶은 궁극적으로 이 두 종류의 정념에 따라 조직된다고 말할 수도 있다 – 첫 번째 종류는 대상적 연쇄에 토대를 두는 정념이며, 두 번째 종류는 유사성에 토대를 두는 정념인데, 후자의 영역에서 정서 모방이 전개될 것이다. 실제로 정리들의 처음 계열은 어떻게 대상화의 메커니즘이 산출되는지를 설명한다.(3부 정리 12, 13과 그 주석. 여기서는 기쁨과 슬픔에서 사랑과 미움으로 넘어가고, 그래서 원초 정념들에 대상이 주어지게 된다. 이 대상들과의 관계로부터 여타의 메커니즘이 작동하기 시작한다.) 그런 다음, 연합의 메커니즘(3부 정리 14~17)[23]과 시간화의 메커니즘(희망과 공포에 대한 3부 정리 18. 이 정리는 전조에 대한 정리 50으로 보충할 필요가 있다)[24]이 분석되고, 마지막으로 동일시의 메커니즘(3부 정리 19~24. 이에 따르면, 우리는 우리가 사랑하는 것을 사랑하는 자를 사랑하며, 우리가 사랑하는 것을

미워하는 자는 미워한다. 정리 22부터는 불특정의 제3자가 추론에 개입된다)

이 분석된다. 그런데 정리 27부터는 완전히 상이한 정념적 세계가 출현한다. 스피노자가 대상 관계를 다루는 한, 어떤 의미에서 그는 고전적이다. 단 그것은 대상 관계들을 통합하고 재합성하기 위해서인데, 왜냐하면 그는 아주 작은 수의 경향들을 판독하여 이것만으로 인간 행위 전체를 밝히고자 하기 때문이다. 나아가 그것은 몇몇 전통적 관계를 뒤집거나 재가공하기 위해서이다 – 이런 한에서 그는 그만큼 혁명적이다. 그런데 이제 그는 대상과는 전혀 무관한 어떤 근본 특성을 토대로 인간 행위의 상당 부분을 재구성하고 있다. 정서 모방이 그것이다. 실제로 그는 외부 대상과 관련하여 우리 안에 생겨나는 정념을 기술하는 대신, 이 대상에 대해 다른 어떤 것, 보다 정

---

23 [옮긴이 주] 관념 연합과 마찬가지로, 경험에 의해 정서들이 우연히 연합되거나 대상의 유사성 등에 의해 한 정서가 다른 정서를 연상시키거나 한 대상에 대한 정서가 다른 대상으로 전이되는 메커니즘.

24 [옮긴이 주] 한 대상에 대한 정서가 과거나 미래에 대한 이미지와 연합되어 시간 지표를 함축하게 되는 메커니즘. 대표적으로 희망과 공포를 들 수 있는데, 특정 대상이나 사건에 대한 정서가 미래 시간의 이미지와 연합된 것이다. 나아가 길조나 흉조와 같은 전조 역시 한 대상에 대한 기쁨이나 슬픔의 정서가 미래 시간의 이미지와 연합된 것인데, 스피노자가 이를 특별히 중시하는 이유는 이것이 미신이 생겨나는 메커니즘의 일부를 이루기 때문이다.

확히 말해 다른 어떤 사람이 보여주는 행태로부터 우리 안에 생겨나는 정념들을 기술한다. 그리고 이 산출의 근원은 이 어떤 사람이나 어떤 사물이 우리와 유사하다는 사실이다. 그러므로 유사성의 권역을 이루는 두 번째 계열의 정념들이 있는 셈이다. 정리 27은 이제부터 원리의 성격을 띠게 될 표현, "우리와 유사한 것"을 도입한다. 그리고 우리는 돌연 앞의 논의에서 스피노자가 단 한 번도 인간을 언급한 적이 없었다는 사실에 주목하게 된다. 그러니까 우리 경쟁자나 협력자처럼 우리 정념의 대상이 되었던 것들은 인간인지 여부에 대한 언급 없이 매우 일반적인 수준에서 언급되었다 ─ 대상은 무생물일 수도 있었고, 짐승일 수도, 권력이나 명예일 수도 있었다. 개입하는 '제3자'는 집단일 수도 있고 동물일 수도 있었을 것이다. 집단이든 동물이든 둘 다 물론 인간일 수도 있지만, 이 특징은 고려되지 않았다. 여기서는 정반대로 바로 이것이 핵심이다. 또한 스피노자는 지금까지 인간이 무엇인지 한 번도 정의한 적이 없지만, 여기서는 정반대로 우리가 이처럼 "우리와 유사한 것"이 누구인지 자생적으로 알아본다고 추정한다.

3부 정리 27을 보자. "만일 우리가 우리와 유사한 것이, 우리가 그것에 대해 아무 정서도 갖지 않았는데도, 어떤 정서로 변용된다고 상상하면, 우리는 바로 이 때문에 그와 유사한 정서를 체험할 것이다." 중요한 것은 당연히 이 정서가 무엇일지 미리 정해주는 것이 아무것도 없다는 점이다. 이다음에 이어지는 정리들은 유사성의 이런 효력으로부터 논리적 귀결들을 끌어낸다. 감정의 강화나 약화의 효과를 제시하는 정리 31을 특히 주목해보자. 만일 우리가 누군가가 우리 자신이 사랑하는 것을 사랑한다고 상상한다면, 또는 우리 자신이 미워하는 것을 미워한다고 상상한다면, 바로 이 때문에 우리의 사랑이나 미움은 강화될 것이다. 역시나 이는 합리적 계산에 의한 것도 아니요, 정리 14와 그다음 정리들에서 제시되었던 감정연합에 의한 것도 아니다. 단지 우리와 유사한 것이 어떤 감정을 체험한다는 바로 그 사실만으로도 (더 정확히 말해, 그것이 이 감정을 체험한다고 우리가 표상한다는 사실만으로도) 이 감정을 우리 안에 발생시키기에 충분하다 ─ 그리고 이 감정이 이미 있었다면, 이 감정의 힘은 강화된다. 왜냐하면 이 감정의 원래 역량에 유사성에서 비롯된 역량이 더해지기 때문이다. 반대로, 누군가가 우리가 사랑하는 것을 혐오한다고 우리가 상상한다면, 이럴 경우 원래 역량은 유사성에서 비롯된 역량과 모순에 빠질 것이다. 그리고 다른 모든 조건이 같다면, 두 정서 중 어떤 것도 다른 하나를 제거하기에 충분하지 않다. 이럴 때 우리는 '영혼의 동요'(fluctuatio animi)라는 국면에 처하게 된다. 정리 31의 따름정리와 주석은 그런 조건에서 우리가 과연 어떤 수단으로 우리 감정의 항상성을 보존하고자 노력하는지를 일러준다. 만일 우리가 타인의 감정이나 그 감정에 대한 우리 자신의 의견에 쉽게 영향을 받을 수 있다면, 가장 좋은 것은 타인이 단번에 우리와 같은 감정을 갖게 되는 상황일 것이다. 만일 이런 상황이 단번에 이루어지지 않는다면, 우리는 상황이 그렇게 되도록 애쓸 것이다. 우리 인간은 늘 남들이 우리 기질(ingenium)에 따라 살아가는 것을 보고 싶어 한다는 것 – 스피노자의 도덕이나 정치학에서 (특히 종교 문제에서) 결정적 중요성을 갖는 이 특징은, 정서모방(imitatio affectuum)이라는 '인간 본성의 특성'에 뿌리내리고 있다. 마찬가지로 정리 32도 정리 27로부터 귀결을 끌어내는데, 이것은 유사성의 심리학에서 비롯되는 종종 해로운 효과들을 보여준다. 만일 (우리와 유사한) 누군가가 어떤 것으로부터 기쁨을 얻고 있다고 우리가 상상한다면, 우리는 곧장 그의 정서를 모방함으로써 그것을 사랑하게 될 것이다. 이전에는 사랑하지 않았다 하더라도 말이다. 하지만 이 대상이 오직 혼자 소유할 수 있는 것이라면, 우리가 이것을 사랑하게 되는 바로 그 운동에 의해, 우리가 본떠서 이것을 욕망하게 된 바로 그 사람에게서 이것을 빼앗으려고 할 것이다. 이로부터 다음의 주석이 나온다. 인간 본성의 동일한 특성에 의해, 우리는 불행한 사람들에 대해서는 연민을(우리는 이들의 슬픔을 자생적으로 공유하기 때문에), 행복한 사람들에 대해서는 질투를(방금 보았듯이, 그들이 대상을 배타적으로 소유하는 한, 우리는 그들의 기쁨을 전적으로 공유할 수는 없기 때문에) 느끼게 된다.

이처럼, 인간 본성 작동의 일반 규칙인 한에서 이 유사성 원리는 인간 상호관계를 설명하는 강력한 요인으로 나타난다. 이 원리 때문에 우리는 우리 정념이 대상을 갖는 우주로부터, 이 정념이 우리가 우리 유사한 것과 맺는 관계에 의해 복잡화되는 세계로 넘어가게 된다. 그러므로 이중의 발생적 규칙이 스피노자의 심리학을 설명한다. 하나는 원초 정념들의 놀이이며, 다른 하나는 정서 모방이다. 첫 번째 차원은 데카르트나 홉스를 생각하게 한다. 물론 정념들의 목록도 다르고 원초적 정념들의 항목도 변경되지만 말이다. 반면 두 번째 차원은 스피노자를 당대 다른 철학자들과 구별짓기에 충분하다. 그러므로 스피노자의 독창성은 세 가지 특질로 가늠될 수 있다. 1) 정서의 대상을 정서의 힘 — 에너지라고도 말할 법하다 — 에 비해 부차적으로 고려하는, 원인에 의한 설명. 2) 유사성에 토대를 둔 정서 모방. 3) 정서 메커니즘은 우리가 우리 자신의 행동을 통제하고 있다고 믿을 때조차도 우리에게 불투명하다는 사실에 대한 특별한 강조. 이 세 가지 특질로 인해 스피노자주의 심리학은 어떤 면에서는 나중에 나올 프로이트 심리학의 절차와 가깝다. 무엇보다도 프로이트의 몇몇 모티브는 『윤리학』의 주요한 주제들을 상기시키는데 ─ 물론 그대로 반복하지는 않지만 ─, 심리적인 것은 의식적인 것으로 환원되지 않는다는 발상, 신체는 정신에서 일어났던 사건들을 표출한다는 발상이 대표적이다. 그럼에도 두 기획을 동일시한다면 잘못일 것이다. 프로이트의 무의식 개념이 『윤리학』의 지평에는 부재하기 때문이다. 그러나 둘 다 이성에서 가장 벗어나 보이는 것을 합리적으로 이해하는 수단들을 갖추고 있다는 점은 사실이다.

『윤리학』 4부 전체는 예속 ─ 정서의 역량과 이성의 무력함 ─ 을 다룬다. 예속의 일차적인 형태는 정념들의 자율적인 놀이이다 ─ 4부의 처음 18개의 정리들은 이를 보여준다. 그러나 정서에 대한 의존은 예속의 일차적 형태에 지나지 않는다. 분명 각 개인에게서 이성은 발달할 수 있지만, 처음에는 정서적 삶에 맞서 싸우기에는 너무 약하다. 이 때문에 나는 더 좋은 것을 보고서도 더 나쁜 것을 행한다. 또는 복음서가 말하듯 지혜가 증가하는 자는 고통도 증가한다. 그다음, 이성에 의해 인도되는 사람의 품행("이성이 우리에게 무엇을 처방하는지, 그리고 과연 어떤 정서들이 인간 이성의 규칙들과 합치하는지")이 진술된다. 그러나 정확히 말해 이 품행은 모델의 품행일 뿐이다. 스피노자의 윤리학은 현자의 초상이 아니다. 그렇지 않을 경우, 스피노자의 윤리학은 인간이 자기 정념에 대해 절대적 주권을 행사한다고 보는 윤리적 전통이 품어 온 가상을 공유하는 셈일 테니 말이다. 그러나『윤리학』1~3부의 노력은 전부 이 정서들이 1) 인간 신체 구조 및 이 신체와 그 바깥의 마주침에, 2) 상상의 필연적인 법칙들에, 3) 그 못지않게 필연적인, 우리 표상들이 처음에 가질 수밖에 없는 부적합함에 자연적으로 뿌리내리고 있음을 보여주고자 한 것이었다. 따라서 이성은 품행의 모델을 구축할 수는 있지만, 이 모델은 인간이 자유로운 인간이 되는 데는 결코 충분하지 않다. 그러므로 이성의 처방들에 대한 진술은 온전히 예속의 세계의 일부로 남는다. 처방들은 특히 정서의 서열화를 함축하는데, 이에 따라 정서들은 절대적으로 나쁜 것(미움), 국가에 유용하지만 그 자체로는 나쁜 것(겸손이나 후회와 같은 몇몇 슬픈 정념)²⁵, 절대적으로 좋은 것(관대함)으로 분류된다. 겸손과 후회를 규탄하는 이상, 이 테제들은 명백히 기독교 도덕과 배치된다.²⁶ 무엇보다도 이렇게 정의된 윤리는 이성에 대한 견고한 믿음에 기초하고 있다. 물론 이성이 전능하기 때문이 아니라(오히려 반대로, 앞서 보았듯이 이성은 처음에는 매우 약하다), 어떤 것도 이성보다 우월하거나 이성에는 없는 자원을 제공할 수 없기 때문이다. 정리 59는 이를 선명하게 주장한다. "우리가 수동인 어떤 정서에 의해 행하도록 규정되는 모든 행위를, 우리는 이 정서 없이 이성에 의해서도 하도록 규정될 수 있다." 마지막으로 『윤리학』 4부는 개인 윤리에서 정치로 이행할 수 있게 하는 푯말을 비치하고 있다.(『윤리학』 4부, 정리 35~37, 또한 정리 73) 이제 남은 일은 예속에서 실제로 어느 정도 해방될 수 있는지를 제시하는 것이다. 실상 여기서 예속이 이

---

25 [옮긴이 주] 겸손과 후회는 자신의 무력함을 응시하는 슬픈 정념이며, 따라서 우리의 본질인 코나투스에 반대되어 유덕할 수 없는 정념이다. 그러나 겸손과 후회는 사람들의 과잉된 자만을 제어하여 사람들이 서로 모이고 결합하게끔 한다는 점에서 국가나 사회에 유용한 정념이기도 하다. 스피노자는 성서의 예언자가 겸손과 후회를 강조한 까닭도 이 점을 자각했기 때문이라고 본다.(『윤리학』 4부 정리 53, 54와 그 주석 참조.) 연민과 수치 역시 이와 비슷한 종류의 정념이다.

26 스피노자의 정서 이론에 대해서는 Michael Schrijvers, *Spinozas Affektenlehre*, Berne, Haupt, 1989와 Pascal Sévérac, *Le devenir actif chez Spinoza*, Champion, 2005를 보라.

토록 상세히 기술된다면, 이는 독자를 오로지 강제적인 것으로만 체험되는 필연성의 무게에 짓눌린 채 예속에 갇혀 있게 하기 위해서가 아니다. 반대로『윤리학』은 최대한 많은 사람들이 — 설령 이 최대치가 극소수에 불과하더라도 — 상대적이나마 정서를 제어하는 능력을 갖게끔 돕기 위해 쓰였다.

『윤리학』 5부는 두 부분으로 나뉜다. 전반부는『윤리학』 1~4부에서 시작된 운동을 계속한다. 핵심은 인간이 어느 정도로 자신의 정서를 통치할 수 있는지를 아는 일이다. 정서를 지배하는 절대적 능력이라는 가상을 포기할 때, 부분적으로나마 정서의 규제가 가능한 공간에 다가갈 수 있게 된다. 이렇게 해서 이성에 의해 인도되는 인간은 자유로운 인간이 될 수 있으며, 이 자유의 정점은 신을 향한 사랑의 발달인데, 이것은 미신의 정념적 사랑과는 닮은 데가 전혀 없다.[27] 신을 향한 사랑은 기쁜 정서이며, 신체가 파괴되지 않고서는 파괴될 수 없고 상호성을 요구하지도 않기 때문이다. "신을 사랑하는 자는 신 쪽에서 자신을 사랑하게끔 노력할 수는 없는데," 왜냐하면 신에게는 정서가 없음을 그는 알고 있기 때문이다. 그런데 이 사랑은 [신체와 관련되어 있는] 기쁨(laetitia)이라는 정서 — 물론 이 기쁨은 능동적이긴 하지만 — 에 근거하고 있다. 5부의 후반부는 신체와 무관한 영혼이란 어떤 것인지 묻는다. 이제부터는 더 이상 지속에서의 여정이 아니라 영원을 다루는 것이다.[28] 여기에는 세 가지 핵심 개념이 있다. 3종의 인식, 영원성, 신의 지적 사랑이 그것이다. 신의 지적 사랑이란 무엇인가? 모든 사랑처럼 이 사랑 또한 기쁨이다. 그러나 더 이상 정서는 아

---

27 [옮긴이 주] 이 책 앞부분(150~151쪽)에서 언급되었듯이, 스피노자에게서 '자유'는 '예속'과 대당을 이루며, 이때 예속은 정념에 사로잡힌 삶을, 자유는 정념으로부터 해방된 삶을 의미한다. 『윤리학』 5부 정리 15~20은 정념으로부터 해방된 삶의 정점을 '신을 향한 사랑'(amor erga Deum)이라 부르고, 이 사랑의 성격을 해명한다. 이 사랑은 가변적이며 완벽히 소유할 수 없는 것을 대상으로 한 '일상적 사랑'(communis amor)과는 달리, 미움으로 바뀌지도 않고 정념도 아니며 대가(상호성)를 바라지도 않는 사랑이다. 이 두 사랑 이외에 스피노자는 '신의 지적 사랑'(amor intellectualis Dei)을 5부 후반부에 언급하며, 이를 3종의 인식과 관련시킨다. 따라서 스피노자에게는 세 가지 사랑, 즉 일상적 사랑, 신을 향한 사랑, 신의 지적 사랑이 있는데, 신을 향한 사랑과 신의 지적 사랑의 구별 여부나 세 가지 사랑과 세 가지 인식 방식(상상, 이성, 직관지)의 관련성 등은 스피노자 철학의 연구 주제 중 하나이다.

28 스피노자 철학에서 시간, 지속, 영원에 대해서는 P.-F. Moreau, *L'expérience et l'éternité*, PUF, 1994; Y. Prelorenzos, *Temps, durée et éternité dans* les Principes de la philosophie de Descartes *de Spinoza*, PUPS, 1996; Chantal Jacquet, *Sub specie aeternitatis*(영원의 상하에서), Kimé, 1997; Nicolas Israël, *Spinoza, Le temps de la vigilance*, Payot, 2001를 보라.

닌, 심지어 능동 정서도 아닌 기쁨이다.(스피노자는 더 이상 'laetitia' 라고 하지 않고 'gaudium'이라 말한다.) 이 사랑은 신체의 죽음으로 중 단되지 않는다.[29] 마지막으로, 5부 전반부에서 다룬 신을 향한 사랑과는 달리, 이 사랑에는 신 자신이 연루될 수밖에 없다. 역 시 상호성은 없지만 동일성이 있다. 곧 신의 자기 자신에 대한 사랑과 신의 인간에 대한 사랑은 동일한 사랑이다. 『윤리학』은 이 저작의 두 핵심 개념을 통일시키는 정리로 끝난다. 지복은 덕의 보상이 아니라, 덕 자체라고.

『정치론』

이 책은 필경 스피노자가 생애 마지막 2년 동안 집필했을 것이다.(1675~1677) 『신학정치론』과는 달리, 이 논고는 한정된

---

29 [옮긴이 주] 신을 향한 사랑이 2종의 인식(이성)에 수반되는 기쁨이라면, 신의 지적 사 랑은 3종의 인식(직관지)에 수반되는 기쁨이다. 상상이나 기억(1종의 인식)은 모두 신 체가 지속하는 동안만 지속되는 반면, 3종의 인식은 상상이나 기억처럼 신체의 개별 본질과 관련되면서도, "신체의 현행적 실존을 인식한다는 점이 아니라 신체의 본질을 영원의 상 하에서 이해한다는 점"(5부 정리 29)에서 오므로, 이 사랑도 신체의 실존 여 부와 독립적이며 영원하다.

물음에 대한 답변을 목표로 하지 않고 시민 사회[국가] 안에서 펼쳐지는 인간 삶과 관련된 주제들 전반을 다루고자 한다. 처음 다섯 개의 장은 원리들을 제시한다. 이어지는 여섯 개의 장은 군주정, 귀족정, 민주정이라는 세 가지 국가(imperia)(세 가지 정부라기보다는 세 가지 국가 유형)를 기술한다. 이 논고는 민주정을 다루는 장이 시작되자마자 이내 중단된다. 저자가 익명의 사람에게 보낸 편지에 따르면, 이 논고에는 법에 대한 장이나 "정치와 관련된 여타의 특수한 물음들"을 다루는 장도 포함될 예정이었다.

그가 여느 때보다 단호하게 주장하는 방법의 원리는 인간사(人間事)를 가정된 본질이나 희망 사항에 따라 보지 말고 있는 그대로 보자는 것이다. 이를 스피노자의 정치적 반-플라톤주의라고 부를 수도 있겠다. 훌륭한 통치를 훌륭한 사람들(현자, 철학자, 훌륭한 교육을 받고 덕이 있는 군주)에 의한 통치와 동일시하는 오랜 전통에 맞서, 『정치론』은 지도자들의 덕이 정치와 무관함을 역설한다. 시민, 특히 지도자의 덕이나 이성에 의해서만 유지되는 제도야말로 나쁜 제도이다. 이 책에서 기술된 정치학이 냉소적이라 그런 것이 아니다. 사람들이 유덕하기를 기대하는 대신 사람들을 유덕하게 만드는 것이야말로 국가의 임무이다.

스피노자 자신은 인간 본성을 이해하기 위해 자신이 『윤리학』에서 말한 바로 되돌아가야 한다고 강조한다. 그러나 이렇게 우회해야 할 수고로움을 덜고자, 그는 『윤리학』의 모든 내용은 아니라도 최소한 정치에 핵심적인 귀결들만이라도 다시 제시한다. 그래서 그는 (알렉상드르 마트롱이 말한) '역량의 존재론'을 내보일 마지막 기회를 갖게 된다. 『정치학』에 제시된 이 버전이 아마도 가장 급진적일 것이다. 이 버전은 같은 주제라 할지라도 다른 제시 형식하에서는 새로운 의미와 활력을 얻을 수 있음을 다시 한 번 확인하게 해준다. 인간의 역량이 신의 역량에 뿌리내리고 있다는 주제도 여기서는 새로운 힘을 획득한다. 『소론』에서 이 주제는 인간의 자율성을 얼마간 희석시키는 경향이 있었고, 『윤리학』에서는 인간 역량과 신의 역량이 서로 균형을 이루었지만, 반대로 여기서 이 주제는 인간의 권리가 불가항력적으로 신적 토대에 의해 지지되도록 하는 데 – 따라서 사람들이 이 권리 바깥에서 이 권리에 맞세울 수 있을 모든 것을 일소하는 데 쓰인다.

이미 주목했듯이 『신학정치론』 16장에서 중심적이었던 계약의 언어는 여기서 포기된다. 정념의 균형, 이익의 균형, 그리

저작
167

고 제도의 균형이 그것을 대신한다. 따라서 (스피노자 연구자인 멘첼(Ad Menzel)처럼) 사람들은 이 변화가 『신학정치론』에서 『정치론』으로의 진화를 나타내는지 물을 수 있었다. 실상 이미 『신학정치론』에서부터 계약은 단지 언어로만 ─ 그러니까 실천과는 부합하지 않는 이론적 표현으로만 ─ 등장했음에 유의할 필요가 있다. 여기 『정치론』의 관심은 더 이상 철학할 자유를 평가할 척도가 될 이론들을 (심지어 이 이론들의 의미를 변화시키기 위해서조차도) 고찰하는 일이 아니며, 오히려 국가의 실질적인 작동방식을 기술하는 일이다. 이런 조건에서 계약주의라는 옷을 내던질 수 있었다. 그렇다고 해서 꼭 체계가 심층적으로 변형되었다는 것은 아니다.

『신학정치론』과의 또 다른 차이는 상이한 국가들을 적어도 겉보기에는 공평하게 다루고 있다는 점이다. 『신학정치론』은 민주주의를 인간 사이의 근원적인 관계 양식라고 지칭했다. 반면 군주정을 말할 때는, 역사적으로 군주정을 히브리 국가의 타락한 첫 번째 단계로 간주하기 위해서였거나 아니면 분석적으로 군주정과 미신이 수렴됨을 강조하기 위해서였다.("군주제 정부의 가장 커다란 비밀이자 주요 관심사는 사람들을 기만하고, 사람들을 붙들어 두어야 하는 공포를 종교라는 허울 좋은 이름으로 가려, 사람들이 마치 자신들의 구원을 위해서인 양 자신들의 예속을 위해 싸우도록 하려는 데 있다.") 이런 사정 때문에 스피노자는 쉽게 공화주의 전통에 포함될 수 있었다. 반대로 『정치론』에서는 세 유형의 국가가 각각의 고유한 구조에 따라 독자적으로 탐구되고, 각 유형에 대해 그것이 어떻게 보존되는지를 묻는다 — 보존이 바람직하다는 것, 그러니까 어떤 유형의 국가든 그것이 잘 작동할 때, 평화와 안전을 보장할 수 있고 나아가 자유라는 목적을 받아 안는다는 것이 함축되어 있는 것이다. 이를 진화로 이해해야 하는가, 아니면 모순으로 이해해야 하는가? 사실은 다른 형태의 공화주의가 모습을 드러내고 있다. 모든 유형의 국가에서 자유의 조건들을 찾는 것이 그것이다.[30]

『정치론』의 가장 강력한 테제 중 하나는 시작 부분에서 진술된다. 경험은 끝났다는 것이다. 스피노자는 이렇게 말한다. 나는 생각할 수 있는 모든 종류의 국가, 그리고 대중을 통치하는 모든 수단을 경험이 이미 보여주었다고 본다. 여기서 말하는 종결을 어떻게 이해할까? 역사의 종말을 말하는 것일까?

---

30 발리바르는 『스피노자와 정치』에서 이를 명백하게 보여준다.(É. Balibar, *Spinoza et la politique*, PUF, 1985, 3장과 국역본, 『스피노자와 정치』, 진태원 역, 그린비, 2014)

그렇게 볼 만도 한데, 왜냐하면 새로움에 대한 스피노자의 신중함(정치는 새롭고 위험한 수단보다는 잘 알려지고 확실한 수단에 호소해야 한다)과 어울릴 법하기 때문이다. 하지만 여기서 진술된 유한성은 구축의 유한성이라기보다는 요소의 유한성이다. 그래서 스피노자가 귀족정체에 대해 분석할 때 그는 베네치아를 모델로 삼지만, 거기서 총독의 자리는 제거한다. 그가 보기에 총독 자리는 정치체제의 구조 자체보다는 민족적 전통과 더 연관된 부수물에 지나지 않기 때문이다. 실로 그가 말하려는 것은 과거의 무게에 눌려 현재(와 미래)를 닫아버리는 것이라기보다는, 어떤 철학자의 정신에서 나온 구축물이 경험에 대립된다면, 그 구축물이 실현될 가망이 없다고 거부하는 것이다.

『히브리어 문법 개요』

스피노자의 성서 독해가 성서의 언어에 대한 인식을 출발점으로 삼는 이상, 성서 주요 언어의 문법에 관한 논고를 작성하는 것은 당연한 일이었다. 그러나 (그리고 라틴어판 유고집의 편집자들도 강조했듯이) 스피노자는 선행자들과는 달리 성서 문법이 아니라 언어 문법을 작성하려고 했다. 무슨 뜻인가?
— 성경만이 유일한 텍스트 재료인 한에서 언어 문법을 작성
하려고 했다는 것이다. 실제로 형태론(이것이 유일하게 남아 있는 부
분이며, 약속된 구문론은 아예 없다)은 언어의 확인된 형태들만이 아
니라 언어 체계로부터 합리적으로 구축될 수 있는 모든 것을
조사하고 있다. 이는 온전히 선험적인(a priori) 문법을 의미하지
는 않는다. 그러나 스피노자는 언어의 실질적인 작동 방식에
서 근거(이성)의 부분과 활용의 부분을 세심하게 조합한다. 이
책은 히브리어와 라틴어를 끊임없이 대조하고 있기에 일종의
비교문법이다. 보다 정확히 말해 언어들을 구축하는 공통 질
료와 근본 형식을 도출하기 위해 언어 비교를 활용하는 문법
이다.[31]

---

31 Ph. Cassuto, *Spinoza hébraïsant. L'hébreu dans le Tractatus theologico-politicus et dans le Compendium grammatices hebraeae linguae*, Peeters, 2000. 스피노자의 언어 이론에 대해서는 Lorenzo Vinciguerra, *Spinoza et le signe. La genèse de l'imagination*, Vrin, 2005을 보라.

편지

　『유고집』은 75개의 편지를 담고 있다. 이후 발견된 것까지 합치면, 스피노자가 보내거나 받은 편지는 총 88개가 된다.(마지막 편지는 1975년에 발견되어 출간되었는데, 그 편지는 메이어르가 『원리』의 발행을 준비하면서 제기한 물음들에 대한 스피노자의 답변을 담고 있다.) 이 중 몇몇 편지는 두 가지 버전으로 보존되어 있는데, 그 이유는 스피노자가 상대방에게 보낸 것과는 약간 다른 이본(異本)을 쓴 종이를 보관해 두었고, 가끔씩 이렇게 다르게 쓰는 이유를 기록해 두기도 했기 때문이다. 텍스트의 이와 같은 상태를 이해하려면, 17세기에는 편지가 이미 출판의 한 양식으로, 해당 수신자만이 아니라 더 넓은 범위의 공중에게 읽혔다는 사실을 환기해야 한다. 스피노자의 서신 전략은 아주 신중하다. 일반적으로 그의 편지는 답장이며, 이를 감안하여 그의 편지를 읽어야 한다. 그는 상대편이 제기한 물음들을 이어받아, 대개는 제기되었던 순서에 따라 이 물음들을 다룬다. 스피노자 자신의 논변은 오직 답변으로서만 조직된다. 그러므로 마치 자율적인 논고인 양, 이런저런 논점에 대한 그의 생각의 전모를 편지에서 찾아보려고 하는 것은 위험하다. 그것보다는 편지를 특정한 반박에 답변하는 주석으로 읽을 필요가 있다.(이런 이유 때문에 몇몇 편지의 내용은 별다른 변경 없이『윤리학』의 주석에 실리게 될 것이다.)

위작과 사라진 저작

— 우선 '과학 저술들'이 있다. 라틴어판 유고집 서문은 스피노자가 무지개에 대한 논고를 작성했음을 시사한다. 19세기에는 이 논고를 재발견했다고들 믿기도 했다. 이렇게 발견된 책에는 하위헌스에 의해 정식화된 문제에서 출발하여 집필된 '확률 계산'도 함께 제본되어 있었기 때문에, 이것 또한 스피노자의 것으로 간주되었다. 이 작품들 가운데서도 첫 번째, 무지개에 관한 논고는 데카르트 광학에 대한 당대 네덜란드의 논의 수준을 보여준다는 점에서 그 자체로 흥미롭다. 이 논고는 또한 (성경에서는 신과 노아의 동맹에 대한 기적적 성격의 상징이었던) 무지개와 같은 현상을『신학정치론』에서 스피노자가 권고한(물론 스피노자만 그렇게 한 것은 아니다) 절차에 따라 자연적으로 설명하려는 의지를 보여준다. 그러나 최근의 연구는

이것이 스피노자의 저술일 수 없음을 보여주었다.

— 루키우스 안티스티우스 콘스탄스(Lucius Antistius Constans, 이는 오늘날까지도 밝혀지지 않은 가명이다)의 『교회의 권리에 대하여 De Jure ecclesiasticorum』와 로데베이크 메이어르의 『철학, 성서의 해석자Philosophia S. Scripture Interpres』은 스피노자의 저작이라고 추정되어 왔다. 라이프니츠는 이를 전해주면서 동시에 이 추정이 틀렸음을 말하고 있다.(『변신론』의 「이성과 신앙의 합치에 대한 논의」 14절)

— 『변명Apologie』이 있다. 뒤늦게 추정된 소책자이다. 살로몬 판 틸(Salomon Van Tyl)의 『법정에서Voor-hof』는 스피노자가 유대 공동체에서 추방된 사건을 이야기하면서, 당시 스피노자가 자신을 정당화하기 위해 『변명』에 해당하는 글을 작성했다고 덧붙인다. 증언이라 자처하는 다른 모든 것(벨, 할마)의 원천은 사실 이것밖에 없다. 이 텍스트는 발견된 적이 없고, 아예 존재하지 않았을 수도 있다.

— 끝으로, 마지막 투병 기간에 스피노자는 모세 5경을 네덜란드어로 번역하려 했고 이 번역을 불태워버렸을 수 있다. 그 흔적은 남아 있지 않다. 그러나 이 기획 자체는 성경이 교회 박사들의 전유물이 되어서는 안 되고 모든 언어로 읽힐 수

있어야 한다는 스피노자주의의 테제와 양립 불가능하지 않다.
이 기획은 ('만인의 손에 성서를'이라는) 칼뱅주의 테마에 부
합하는 것일 수도 있고, 아니면 이 테마를 문자 그대로 받아들
이되 그것을 극복할 목적으로 받아들이는 한 가지 방식일 수
도 있다.

* * *

지금까지 살펴본 스피노자의 저술들은 세 가지 방식으로 읽
을 수 있다. 첫 번째는 저술들의 다양성에 역점을 두고 읽는 것
이다. 여기에는 주제의 다양성(방법, 생각의 자유, 문법, 국가들의 구
조, 지복), 절차 또는 문학 장르의 다양성(구체적 주제를 다루는 단
발성의 논고, 어휘의 저장고, 편지, 대화, 철학의 집대성), 마지막으로 제
시 유형의 다양성(기하학적 방식, 연속적 내레이션, 『지성교정론』 서두
의 사적인 수사적 스타일 또는 『소론』의 대화들)이 있다. 두 번째는 주
요 주제가 점점 더 스피노자주의 방식으로 제시되어 가는 진
전(進展)[32]에 역점을 두고 읽는 것이다. 알렉상드르 마트롱이
경탄스러울 만큼 잘해낸 것처럼 말이다. 그에 따르면, 『소론』
에서부터 『정치론』의 처음 장들에 이르기까지 '역량의 존재론'

은 데카르트적인 차용물들의 허물을 점점 더 벗으면서 점점
더 뚜렷하게 독자적인 기반의 제시 방식을 취해 간다. 마지막
으로, 동일한 주제들이 여러 저작에 걸쳐 어떻게 줄기차게 그
리고 강렬하게 되돌아오는지, 그러면서도 이 주제들이 재조직
화되는 개념적 맥락 때문에 다른 의미를 – 따라서 다른 역량
을 – 지니는지에 주목할 수 있다. 이런 의미에서 스피노자의
저술들은 한 철학 체계의 변형이 무엇인지를 이해하는 데 탁
월한 사례를 제공한다.

---

32 [옮긴이 주] 여기서 유의할 것은 모로가 적어도 이 구문에서는 스피노자 '사상'
의 진화(évolution)에 대해 말하고 있지 않으며, 다만 '제시'(exposition)에서의 '진
전'(progression)에 국한하여 말하고 있다는 점이다. 본문에서 언급한 『소론』에서 『정
치론』까지만이 아니라, 『지성교정론』에서 『윤리학』까지, 『신학정치론』에서 『정치론』
까지 스피노자 사상의 변화가 있느냐 없느냐, 있다면 얼마나 있느냐는 논쟁적 지점이
며, 여기서 모로는 다양한 입장 가운데 알렉상드르 마트롱의 입장을 암묵적으로 취하
고 있다. 마트롱에 따르면, 주로 사회계약론의 언어와 관련된 『신학정치론』과 『정치
론』의 차이는 물론이고, 심지어 주로 인식론적 문제와 관련된 『지성교정론』과 『윤리
학』의 차이조차 스피노자 사상의 '진화'가 아니라 다만 제시 방식의 차이에 불과하며,
이 차이조차도 고려되는 독자가 누구인지가 크게 작용한다.

3장

주제와 문제

스피노자 학설을 저작들의 순서와는 다르게 읽을 수도 있다. 저작들의 순서는 한 사유의 진전을 표시하는 데 필수적이다. 그러나 이 사유가 어떤 터를 지나가고 있는지, 또 어떤 갈등을 촉발하는지 역시 발견해야 한다.

인물

사람들은 종종 스피노자주의를 추상적인 학설로 읽곤 한다. 그렇지만 스피노자는 자주 사례에 대해 숙고했고 자기 학설을 사례를 통해 제시한다. 그의 저작들은 익명의 배역(질투하는 자, 탐욕가, 아버지에게 더는 복종하지 않기 위해 군에 입대하는 아들), 혹은 특정 역사적 인물들로 뒷받침되는 일종의 서사적 맥이 관통하고 있으며, 이 역사적 인물의 삶은 철학적 성찰에 살을 부여한다.

이 인물들은 고대의 역사, 유대 성경이나 신약 성서에서 차용되는데, 알렉산더, 모세, 솔로몬, 그리스도, 바울을 들 수 있다.

1. **알렉산더** 알렉산더는 운에 사로잡힌, 따라서 미신에 사로잡힌 인간의 상징으로 등장한다. 알렉산더가 왕이었다는 사실은 어느 누구도 운과 미신을 벗어날 수 없음을 보여준다. 알렉산더 대왕은 권력이 엇나가는 방식을 예증하고, 정복자와 피정복자의 동맹을 북돋우면서 국가를 영원하게 만드는 방식 역시 예증하며, 페르시아인과 달리 주권자에 대한 맹종을 거부하는 그리스인을 예증하는 데 쓰인다. 이 중 마지막 두 상황은 두 민족적 기질을 나누는 경계와, 효과적이든 아니든 이 기질들을 극복하기 위한 전략을 보여주는 이점이 있다. 분명 알렉산더 대왕의 이야기는 권력을 행사하는 사람이나 새로운 왕국을 획득한 사람이 인간 정념(그들 자신의 정념을 포함하여)으로 인해 어떤 구체적인 문제(마키아벨리적 문제이지만, 여기서 그것은 한 개인의 전기를 통해 재구성된다)들을 겪게 되는지를 보여주는 범형적인 터의 역할을 한다고 볼 수 있다.

2. **모세** 모세는 국가 설립자 상을 구현하고 있다는 점에서

스피노자를 매료시켰다. 우리에게 에스파냐, 베네치아, 네덜란드의 설립 계기에 대한 정확한 지식은 없으며, 로마의 경우에는 로물루스의 삶에 대한(스피노자가 한 번도 언급한 적이 없는 전설을 제외하고는) 어떤 자료도 남아 있지 않다. 그러나 모세의 경우에는 그에게까지 거슬러 올라가는 전통들이 있으며(이것이 모세 5경이 짜깁기되었다는 성서 비평의 적극적 결론이다), 심지어 그로부터 내려오는 몇몇 텍스트도 있다. 알렉산더 대왕의 삶에 대해서와 마찬가지로, 스피노자는 사건들의 그런 추이를 명료하게 파악하고자 오랫동안 궁리한 것 같다. 모세는 여느 예언자처럼 상상의 인간이다. 그러나 그는 어떤 예언자도 시도조차 하지 못했던 일을 했다. 국가를 설립한 것이다 ― 그것도 살아남을 수 있는 국가를. 그는 권력을 유지할 줄 알았고, 역사가 빚어낸 자기 민족의 기질을 고려하면서 국가와 종교의 관계를 조정할 줄 알았으며, 자신의 죽음으로 모든 일이 헛수고로 돌아가지 않도록 후계를 조직할 줄 알았다. 실로 모세에게서 상상은 [다른 예언자들에게서처럼] 정의와 자비를 환기시키고자 인간에게 전달된 강렬한 환영에 그치는 대신, 사회와 공동의 삶의 구축이라는 실천적 목표를 향한 것 같다. 그렇다면 모세는 『정치론』에서 말하는 '실천가들'(practici)에 속하는가? 이 실천가들은 공포에 의해 인도되었다 ─ 그리고 공포야말로 신정체제의 동력이다. 남은 일은 종국에 국가의 파괴를 불러오게 될 오류를 설명하는 것이다.

3. **솔로몬** 반대로 스피노자는 솔로몬의 전기에 대해서는 별다른 관심을 보이지 않는다. 오히려 솔로몬에게는 예외적인 특징들이 부여된다. 스피노자는 오비디우스를 '시인'이라고 부르듯, 그를 '철학자'로 부른다.('철학자'는 스콜라학파가 아리스토텔레스에 한해 사용했던 용어였다.) 왜인가? 솔로몬의 것으로 간주되는 몇몇 텍스트가 스피노자 자신의 것과 흡사한 철학을 다른 말로 구현하는 듯 보였기 때문이다. 가령, 자연법칙들의 영원성("태양 아래 새로운 것은 없다"), [쾌, 부, 명예와 같은] 일상적 선의 헛됨이 그렇다. 물론 그에 대해서도 문제는 제기된다. 과연 수학과 무관하게 진정한 철학이 발견될 수 있었을까?(스피노자는 솔로몬이 지름과 원주의 관계를 잘못 알았음을 강조한다.) 아마도 어떤 상황에서는 인간의 삶, 경험, 운에 대한 성찰이 몇몇 사람을 목적성의 원환에서 벗어나게 할 수 있을지도 모른다 ─ 바로 이것이 『윤리학』 1부 부록에서 정식화된 수수께끼 같은 유보에 대한 해명이라고 볼 수도 있겠다.("… 만일 수학이 사람들에게 진리의

또 다른 규범을 보여주지 않았다면 말이다. 또한 수학 말고도, 여기서 일일이 헤아릴 필요는 없지만, 사람들이 이런 통상적 편견들을 자각하고 사물에 대한 참된 인식에 이르게 할 수 있었던 또 다른 원인들을 꼽을 수 있다.") 신정이라는 공포 체제 하에서 이것이 어떻게 가능한가? 답변은 스피노자의 부가적인 언급에서 얻어낼 수 있을 것이다. 곧 솔로몬은 이 정치 체제에서 – 즉 퇴화된 군주정 모델의 첫 번째 형태에서 – 보통의 자리에 있었던 것이 아니라 정점에 있었다는 것이다. 그러니까 이 지위 때문에 솔로몬은 스스로가 법 위에 군림한다고 믿게 되었고(그리고 실제로도 법 위에 있었다), 이는 물론 윤리적 차원에서는 잘못이지만, 인식론적 차원에서는 필경 행운일 것이다. 이 초법성 덕분에 솔로몬은 옥죄는 공포의 사슬에서 풀려나와 자신의 신민들에게는 금지되었던 인식에 도달하게 된다.

4. 그리스도 이 인물은 가톨릭이나 개신교 등의 제도화된 기독교가 말하는 그 그리스도가 아니다. 스피노자가 글을 쓸 당시 그리스도의 지위는 논쟁 대상이었음을 염두에 둘 필요가 있다. 특히 암스테르담에서 그랬다. 소치니파는 그리스도의 신성을 부정했으며, 몇몇 유대인은 그리스도를 한낱 사기꾼이나

이단자만은 아니라고 본다.[1] 스피노자에게 그리스도는 이를테면 이중적이다. 한편으로 역사적인 인물로서의 그리스도는 한 명의 인간으로서, 그에게 어떤 기적적인 일도 일어나지 않으며(올덴부르크에게 보내는 마지막 편지들에서 스피노자는 그리스도의 부활과 승천을 비유적으로 받아들여야 한다고 피력한다), 그는 신의 입일 뿐이다.(삼위일체설을 별도로 하면, 스피노자는 그리스도와 성자의 관계가 모세와 성부의 관계와 같다고 말하는 홉스와 그리 멀지 않다. 즉 그리스도는 신을 대신하여 말하는 한 명의 인간이다.) 기독교인이 말하는 것과 반대로, 그리스도의 교리에 새로운 것은 전혀 없다. 그것은 구약성서에 나오는 것과 동일한 신의 말씀이다. 스피노자는 아주 고전적이게도 그리스도를 보편주의로 특징짓는데, 이 보편주의마저도 근본적으로 새로운 점이라기보다는 예언자들에게서 시작된 운동의 연속처럼 나타난다. 두 번째 차원은 '그리스도의 정신'이다 ─ 정의와 자비의 정신으로, 이는 시대에 따라 상이하게 구현될 수밖에 없어도 그 자체 비시간적인 요구이다. 한마디로 말해 그리스도에 의해 그리스도의 정신이 정의된다

---

1 샤피라(Nathan Schapira)에 대한 폽킨의 작업들을 보라.(샤피라의 의견들은 그리스도 지복천년설주의자인 존 듀리와 페트루스 세라리우스(Petrus Serrarius)를 통해서만 알려졌다.)

기보다는 그 역이다. 즉 그리스도의 정신에 의해 그리스도가 정의되며, 그리스도는 이 정신을 가장 일관되게 체현한 자이다. "저는 결코 그리스도를 육신에 따라 인식하는 일이 구원에 필수적이라고 생각지 않습니다. 그러나 신의 영원한 아들, 그러니까 만물에서 드러나지만 특히 인간 영혼에서, 그리고 다른 어디서보다 예수 그리스도에서 가장 잘 드러나는 영원한 지혜는 사정이 완전히 다릅니다."(「편지 73」)

5. **바울** 바울은 신약성서의 저자들 중 스피노자가 제일 많이 인용하는 사람이다. 물론 바울만 인용한 것은 아니다. 스피노자는 요한의 정식들과 마태복음의 서사들도 빌려 온다. 바울의 서신에서는 사도들이 신약성서를 집필할 때 예언자로서가 아니라 박사로서 집필했음을 보여주는 인용들을 빌려온다. 예정이 자유의지와 대립하듯 바울의 교리는 야고보의 교리와 대립하는데, 스피노자는 이 사실을 통해 각자가 신의 말씀을 자신의 성향에 따라 해석하지만 이 해석들 사이에 신성함의 차이는 없음을 보여주고자 했다. 그러나 적어도 정식의 면에서만큼은 바울 신학이 스피노자의 사상과 공명한다. 스피노자 자신의 사상을 종교적 전통에서 빌려온 어휘로 번역하려 했

던『소론』과『신학정치론』의 시도가 이를 입증한다. 혹자는 반대로 야고보의 교리가 행위에 대한 스피노자의 테제에 더 잘 맞는다고 생각할 수도 있다.(앞에서 언급했던 삶에서의 활용과 가능적인 것의 범주를 참조하라.) 그러나 어쨌든 신앙과 철학을 뒤섞는 중대하고도 필수적인 오류를 범한 것은 바울이다. 중대한 까닭은, 이것이 기독교 분열의 씨앗이기 때문이다. 그러나 필수적인 까닭은, 이 오류가 없었다면 바울은 그리스인들에게 호소할 수 없었을 것이기 때문이다. 철학적 토론(공허한 토론을 포함하여)이야말로 그리스인 기질의 핵심 요소였기 때문이다.

장소

1. **예루살렘**『신학정치론』에서 예루살렘의 지위는 특별하다. 예루살렘의 포위나 파괴를 보여주는 성경의 일화들은 스피노자 상상계에 끊임없이 출몰했던 것으로 보이기 때문이다. 이 일화들은 그 자체로 인용되는 경우는 드물어도 (순전히 언어적인 물음을 포함한) 다른 문제들을 예증하기 위해 매우 빈번히 환기된다. 예루살렘은 또한 늙어가는 다비드왕의 재위를

둘러싼 간계들이 활개 치던 극장이기도 했다. 음모에 둘러싸여 위험의 한가운데서 권력을 유지하던 다비드 왕은 알렉산더 대왕과 조금은 닮은 점이 있다 – 이 암시적 인용들은 서사적 일화의 성격을 띤다.(반면, 솔로몬, 바울, 그리스도의 경우, 어떤 학설이나 성격을 기술하는 정태적인 언급의 성격을 띤다.) 스피노자에게 히브리 공화정의 이상적인 시기, 그러니까 히브리인들이 평화와 번영을 동시에 맛본 시기는 판관의 시대, 즉 모세 사후부터 왕정이 시작되기 전까지였다는 점을 기억할 필요가 있다. 이 시기에 예루살렘은 아직 수도가 아니었다.

2. **로마** 로마는 가장 많이 언급되는 국가다. 그와 더불어 로마 문화와 역사도 많이 언급되는데, 로마는 거의 항상 전쟁과 결부된다. 스피노자 사상의 형성 과정에 라틴 문화가 큰 비중을 차지하긴 하지만, 그렇다고 스피노자가 로마에 대해 정치적 호감을 느꼈던 것은 결코 아니다. 오히려 그는 로마를 폭력의 본거지로 간주한다. 히브리 국가나 네덜란드의 경우, 스피노자는 이들 국가를 파괴로 이끈 오류가 무엇인지를 물으면서 이들 국가의 긍정적 측면을 기술한다. 반면, 로마에 대해서는 단 한 번도 그런 물음을 묻지 않는다. 로마에는 애초부

터 그 본성에 폭정이 각인되어 있다고 본 것이다. 그러나 아마도 이 점이 그가 로마의 역사에 흥미를 가진 이유일 것이다. 그는 로마공화정에 대해서는 (마키아벨리의 주석을 대척점으로 삼아) 티투스 리비우스를 통해 읽었고, 로마 제정의 역사는 타키투스를 통해 읽었다. 이 중 타키투스의 정식들은 때로는 일반화되거나 변형되기는 하지만 인간학적 기술을 위해 활용된다. 타키투스가 국가는 적보다는 시민들에 의해 위협받는다는 생각을 로마에 적용할 때, 스피노자는 이 생각을 해당 맥락에 국한하지 않고 모든 국가에 적용한다. 타키투스가 유대인들의 미신에 대해 기술할 때, 스피노자는 그의 정식을 가져와 전도시키고 부분적으로는 인간 행위의 일반적인 특징으로 만든다. "인간이 있는 한, 악덕도 있을 것이다"는 구절 역시 타키투스에서 유래한 것이다. 제국을 손수 바꾸려고 기도했고 실제로도 제국을 바꾼 두 군인의 사례[2] 역시 타키투스에서 온 것이다.(로마 역사를 통해 그가 알고 있는 유일하게 긍정적인 인물은 로마의 적인 한니발이다.)

---

2   [옮긴이 주] 『정치론』 7장 14절.

3. **암스테르담** 성년의 스피노자가 더는 거주하지는 않았지만 (편지가 보여주듯이) 가끔씩 돌아가보곤 했던 이 도시는 그에게는 하나의 범례처럼 보인다. 『신학정치론』의 목적은 분명하다. 철학할 자유는 어떤 불편도 초래하지 않으며, 오히려 오직 그것만이 사람들이 서로 해치는 것을 막아준다는 점을 보여주는 것이다. "암스테르담이라는 도시를 예로 들어보자. 이도시는 이 자유의 열매를 맛보면서, 그토록 많은 이익과 만국의 찬미를 함께 누리고 있다. 사실 이토록 번영하는 공화국에서, 이토록 명망 높은 도시에서, 모든 사람은 각자의 민족이나 종파를 불문하고 최고의 일치 속에서 살아간다. 또한 누군가에게 대부를 해줄 때에도, 그들은 단지 그가 부자인지 가난한지, 보통 신의를 지키는지 부정하게 처신하는지만 알아 두려고 한다. 그 밖에 종교나 분파는 그들의 관심사가 아닌데, 왜냐하면 그것들은 재판관 앞에서 소송을 이기거나 지게 하는 데아무 도움도 되지 않기 때문이다. 그리고 아무리 가증스러운 분파라 하더라도, 모든 분파의 성원은 (아무에게 해를 입히지 않으며, 각자 자신의 몫을 분배하고 정직하게 살아가는 한) 집정관의 공적인 권위와 호위에 의해 보호되기 때문이다."[3] 물론 항상 그랬던 것은 아니다. 과거에는 항변파와 반항변파의 갈

등이 종교를 넘어 정치로 이어졌으며, 의견의 문제에 관한 법률들은 사람들을 교정하기는커녕 분노하게 했다. 그러므로 암스테르담이라는 도시만이 그 과거는 물론이고 현재를 통해, 자유가 주는 편익을 예증함과 동시에, 지적 논쟁과 정치가 뒤섞일 때 어떤 위험이 초래되는지 예증한다.

4. 에스파냐 앞에서 우리는 구-마라노의 문화와 스피노자의 책장에서 에스파냐가 얼마나 큰 비중을 차지하는지 살펴보았다. 에스파냐는 많은 역사적 사례를 제공한다. 『신학정치론』 3장에 나오는 유대인들의 동화 문제, 『정치론』에서의 사법부 문제 등이 그러한데, 이 모든 구절에 실린 정보는 안토니오 페레스 주변에서 얻어진다.[4] 그는 매력적인 인물로, 우선 필리페 2세 권력의 핵심부에 있다가 권력이 실추되어 쫓겨나고, 스피노자가 그의 사례를 따라 기술하고 있는 사법 체계 덕분에 처벌을 면한 후, 프랑스에 망명하여 스스로에 대한 변호인 동시에 '아르카나 임페리'(arcana imperii, 지배의 비밀스러운 기술)(이는 당대

---

3   [옮긴이 주] 『신학정치론』 20장 15절.

4   『정치론』 7장 30절에 나오는 아라곤 왕국의 사례. 페레스의 이름은 같은 장 14절에 직접 언급되기도 한다.

에 '국가의 비밀'로 불렸다. 즉 국가를 보존하기 위한 비밀스러운 수단을 뜻하는데, 현대 프랑스어로는 '쿠 토르뒤'(coups tordus)라고 할 수 있을 것이다)에 대한 기술을 담고 있는 저술들을 출판한다.

원리

스피노자는 핵심 정식들을 저술들 곳곳에서 반복해서 언급한다. 이 정식들은 공리가 아니라 오히려 중심 테제들이며, 증명의 질서에서도 연역될 수 있으나 그와 동시에 경험에 의해서도 포착될 만큼 그 자체로도 충분히 강력하다. 이 원리들은 논쟁을 차단하는 방식으로 반박과 편견을 규제하는 데 일조한다. 이 원리들은 이를테면 전 체계를 가로지른다.(이 점은 '기하학적 방식'이 단선적인 연역만을 함축하지는 않음을 상기시킨다.)

"인간 본성은 동일하다." 인간은 자연의 한 부분이며(그리고 '국가 안의 국가'가 아니며), 그뿐만 아니라 인간 본성 자체가 항상적인 법칙들을 가지고 있다. 이 항상성은 얼핏 보면 환경, 시대, 사회계급의 다양성에 가려져 있을 수 있지만, 인간 행위에 대한 분석이 결국 발견해내는 것은 항상 그것이다. 이런 이유 때문에 가령 귀족들이 대중의 행동거지를 폄훼하려고 할 때,『정치론』은 단지 세련됨에 감춰져 있을 뿐 귀족에게도 똑같은 악덕이 있음을 상기시킨다. 인간 본성이 이처럼 하나라는 주장은 직접적으로 정치적인 함의를 지닌 다음 논변의 토대가 된다. 즉 대중의 자유에 대한 반박은 모두 결국 이 반박자들에게 되돌아온다는 것이다.

"더 좋은 것을 보고도 더 나쁜 것을 행하네."(video meliora proboque, deteriora sequor) 이 정식은 오비디우스로부터 차용한 것이다─동일한 정식이 바울의 서간에서도 발견되지만, 스피노자는 이 정식을 로마 시인 오비디우스의 것이라 보는데, 이는 매우 당연하다. 메데이아는 자신의 범죄가 자신의 인식보다 강하다는 것을 보여주기 위해─그리고 사고의 명료함이 범죄를 막지는 못한다는 것을 보여주기 위해 이 정식을 활용한다. 그러므로 인간에게는 진리보다 강한 어떤 것이 있다. 덕은 앎으로 환원될 수 없다─따라서 이 정식은 일체의 소크라테스적 도덕에 대항하는 무기로 등장한다. 이 정식은 또한 17세기 모든 철학자들에게서 발견되는데, 왜냐하면 이 정식이 17세기의 모든 철학자에게 하나의 수수께끼를 체현하고 있기 때문이다. 그것은 한낱 맹목만은 아닌, 정념의 권능에 관한 수수께끼이다. 그러니까 인간은 알면서도 자신이 아는 것을 실행하지 못할 수 있다는 것이다. 이 정식을 스피노자에게서, 그것도 중심 모티브로 만난다는 사실은 그의 학설을 인식을 통한 구원으로 보는 성급한 해석을 청산하기에 충분할 것이다. 중요한 것은 인식의 힘이지 단순히 인식이 현존한다는 사실이 아니다. 이 때문에 이성의 출현은 인간을 예속에서 벗어나게 하는 데 충분하지 않다.(여기서도 역시 『윤리학』 4부 전체의 제목이 왜 「인간의 예속에 대하여」인지를 이해하지 못하는 사람들의 오해가 드러난다.)

"타인을 우리 자신의 기질에 따라 살아가도록 인도하기." 누구나 이렇게 하려고 노력한다. 앞서 보았듯이, 이 원리는 유사성의 규칙에 근거하고 있다. 정념에 사로잡힌 인간은 자신의 정념을 다른 자들에게 전파하고자 시도한다. 그러나 이 준칙이 적용되는 장은 정념에 한정되지 않는다. 이성은 철학자의 '기질'이다. 이런 의미에서 철학자가 자기 철학의 정당성을 타인에게 설득하려고 시도할 때 그도 공통의 규칙에서 벗어나 있는 것이 아니다. 이 때문에 필연적으로 스피노자주의는 전투적 철학으로 등장하는데, 이는 그 저자의 성격 때문이 아니라 이 철학의 논리 때문이다. 그것은 두 가지 의미에서 전투적이다. 첫째, 평화, 안전, 정치적 자유가 모든 사람에게 제공되도록 기여한다는 의미에서이다 —『신학정치론』과『정치론』은 상이한 절차를 따르기는 하지만, 둘 다 이것을 겨냥한다. 둘째, 최대한 많은 사람들이 지복의 자유에 도달하게끔 노력한다는 의미에서이다 — 이 점은 이미 스피노자의 초기 저작에서부터 예고되어 왔던 바이며『윤리학』에서 실행된다.

논쟁점

스피노자는 무신론자였는가? 신비주의자였는가? 범신론자였는가? 유물론자였는가? 필연성에 대한 스피노자의 학설은 『윤리학』같은 책을 쓴다는 사실과 양립할 수 있는가? 이런 물음들이 스피노자의 저작에 대한 토론과 주석에서 큰 비중을 차지한다. 실로, 이런 유형의 논쟁에서 제시되는 주장은 대개 논거가 부실한 경우가 많고 완전히 공허하다는 인상을 줄 수 있다. 그럼에도 스피노자를 규정하는 이런 수식어들의 쟁점과 한계가 무엇인지를 상기해보는 것은 유용하다. 스피노자적인 개념들의 뜻을 정확히 하는 기회이기 때문이다.

1. **무신론** 스피노자는 이 물음을 종종 다루긴 하지만 스스로에게 이 물음을 던져본 적은 없다. 그가 이 물음을 다룰 때는 늘 외부의 압력 때문이었다.[5] '무신론'은 무엇을 의미하는가? 무신론이 유대 신학자나 기독교 신학자들이 주장하는 신, 그러니까 창조주이자 섭리의 주재자를 믿지 않는 데 있다면, 의심의 여지가 없다. 스피노자는 무신론자이다. 더 나아가 보자. 고전 시대에 무신론이라는 비난은 신의 존재 문제보다는 신과 인간 사이의 매개에 대한 것이다. 어떤 철학자가 신을 세계의 창조자로 여기든 세계의 원리로 여기든 그다지 중요하지 않다. 만일 그 철학자가 신이 인간에게 준 율법을, 신이 인간에게 말하거나 인간을 구원할 때 이용한 매개자들 ─ 예언자들, 그리스도 ─ 을, 마지막으로 신이 인간에게 내리는 심판, 처벌, 보상을 문제 삼는다는 혐의를 받는다면, 그는 무신론자로 취급될 것이다. 요컨대 무신론자의 표시는 기원으로서의 신을 부정하는 데 있다기보다 목적으로서의 신을 부정하는 데 있다. 그렇다면 당대인 대다수에게 스피노자는 무신론자였다고 볼 수 있다 ─ 특히 그가 악과 원죄의 문제를 다루는 방식을 보

---

5 「편지 30」과 「편지 43」.

면 그러한데, 아마도 이것이 그가 기독교적 전통과 가장 대립되는 지점일 것이다.[6] 그러나 그 자신은 이러한 비난에 맞서 진심으로 자신을 변호한다. 왜냐하면 그는 자신이 말하는 신을 "참된 삶의 모델"로 바라보았기 때문이다 – 비록 이 모델이 신학자들이 이해하는 것처럼 목적론적 영역에 있지는 않지만 말이다.[7] 스피노자에게서 '신'이라는 말의 의미 자체가 무엇인지 따져본다면, 다음과 같이 생각할 여지가 있다. 그가 모든 개별 사물들을 양태로 하는 유일 실체에 '신'이라는 이름을 부여했다면, 그것은 적절한 동음이의어의 힘을 빌려 골치 아픈 일들을 피하기 위해서만은 아니다.(게다가 만일 실제로 그랬다면 그

---

6 [옮긴이 주] 스피노자에 따르면 원죄를 비롯한 모든 악의 관념(뿐만 아니라 선의 관념 역시)은 원칙상 자연의 필연적 인과질서를 이해하지 못한 결과 생겨나는 부적합한 관념이거나, 슬픔(또는 기쁨)과 같은 정서에 대한 의식에 불과하다. 그러므로 아담의 선악과 이야기에서도 신은 열매의 섭취가 신체에 치명적 결과를 가져올 것이라고 인과적 추이를 알려준 데 불과하며, 이것을 금지로 이해한 것은 아담의 무지 때문이다. 이 같은 스피노자의 입장과 이에 대한 기독교인 쪽 반발의 격렬함은 스피노자와 블레이은베르흐와의 편지 18~24에 잘 나타나 있다. 이 서신에 대한 해설로는 질 들뢰즈, 『스피노자의 철학』, 3장 악에 관한 편지들(민음사, 1999)을 참고할 수 있다.

7 어쨌든, 스피노자는 무신론이라는 비난이 적어도 신의 존재만큼 윤리 역시 겨냥한다는 점을 파악하고 있었다. 왜냐하면 펠트하위선의 편지에 대해 그는 "저는 신을 믿습니다"라고 대답하는 대신, 내 품행이 어떤지를 보라 – 나는 명예와 부를 무시한다라고 답변하기 때문이다.(편지 43)

의 기도는 단단히 실패한 셈이 될 것이다.) 그것은 이 실체가 비활성의 지지대가 아니라 진정한 역동성과 자유를 누리며, 이런 역동성과 자유가 양태들의 역동성을 정초하고, 가끔씩은 양태들의 자유를 정초한다는 점을 표시하기 위해서이다 — 사람들이 모방하지는 않는 모델, 오히려 사람들이 그 역량을 실행하는 모델임을 표시하기 위해서다.

2. **유물론** 스피노자를 유물론 계열에 놓느냐 정신주의 계열에 놓느냐를 둘러싼 논쟁은 의미가 없어 보일 수 있다. 이런 논쟁을 벌일 경우, 신체의 역할에만 일방적으로 가치를 부여하거나 아니면 『윤리학』 5부에만 일방적으로 가치를 부여하게 될 것이고, 체계에서 신의 개념이 차지하는 지위와 의미에 대한 모순적인 해석들이 등장할 것이다. 속성들 간 상호작용의 부정은 엄밀히 말해, 사유에 대한 연장의 영향(따라서 영혼에 대한 신체의 영향)을 배제함과 동시에 연장에 대한 사유의 영향(따라서 신체에 대한 영혼의 영향)을 배제함을 상기할 필요가 있다. 그러나 실제로는 스피노자를 두 가지 관점에서 유물론자라고 규정할 수 있다. 1) 대부분 연장과 신체를 사유와 영혼의 하위에 두었던 철학적 전통에 맞서, 단지 두 속성 간의 동등성을 지지하고

"신이 연장된 것"(『윤리학』 2부 정리 2)임을 긍정한다는 사실만으로도, 사실상 신체와 연장의 자율성, 역동성, 고유의 역량을 보여주면서 신체와 연장의 가치를 회복하는 셈이 된다. 2) 특히 스피노자가 사유 속성과 영혼에 대해 말하는 방식이 실상 유물론의 절차에 속한다. 물리적 연장과 마찬가지로 사유 속성과 영혼에도 법칙들이 있다고 보는 점에서, 이 둘을 물리적 연장 못지않게 엄밀한 과학의 대상으로 간주한다는 점에서, 그리고 이 둘에 표현될 수 없는 무언가가 남아 있을 수 있음을 한사코 거부한다는 점에서 그렇다. 그가 데모크리토스와 에피쿠로스를 준거로 삼는다는 점이나, 그의 사상이 루크레티우스의 텍스트와 가깝다는 점은 이 입장을 확증해준다.

3. 결정론과 자유의지 절대적 필연을 인정하는 철학이 어떻게 윤리적 도정에 대해 조언할 수 있을까? 우연적인 것이나 가능적인 것에 어떤 여지도 두지 않는 사유가 어떻게 자유의 긍정이기를 원할 수 있을까? 이 역설은 수차례 반복해서 지적되었다. 이 역설은 약간의 비결정론을 체계 내로 도입함으로써 해결될 수는 없다. 문제는 그것이 아니다. 문제는 오로지 다음 두 지점에 있다.

1) 가장 잘 알려지고 널리 받아들여지는 것은 자유를 결정의 완전한 부재와 혼동하지 말라는 것이다. 설령 둘이 같다고 해도, 결정의 완전한 부재가 과연 어떤 점에서 더 선호할 만한 상황인지는 알기 어렵기에 더욱 그렇다.(결정론에 대립하는 자유에 대한 모든 찬가는 부질없게도 자유를 잘 사용한다는 것을 가정하며, 순전한 우연에 해당하는 것을 가정하지는 않는다.)

2) 자연의 질서라는 문제와 인간의 선택이라는 문제는 별개의 문제다. 사람들은 대다수의 법칙들에 무지하고 환경들을 오인하므로, 사실상 삶에서의 활용이라는 면에서는 가능적인 것의 여지가 있다. 어떤 결정을 내려야 하고, 또 이를 위해 유한한 상황에 놓이게 되는 사람에게, 물음은 선택이라는 어휘로 제기된다. 그의 선택은 미결정되어 있지 않으며, 그의 행위의 결과들 역시 상황들(여기에는 내적인 상황들도 포함된다)에, 즉 그 자신이 선택하지 않았고 그 자신이 온전하게 인식하지도 통제하지도 못하는 그러한 상황들에 달려 있다. 그래서 '이성의 계명들'(dictamina rationis)이 필요하다. 직설법의 철학도 규범적인 부분을 포함할 수 있다.[8] 모든 것에는 원인이 있다는 일반적인

---

8   J. Lagrée(dir.), *Spinoza et la Norme*, Presses universitaires franc-comtoises, 2002를 보라.

인식은 인간이 행위를 할 때는 아무런 역할도 하지 못한다. 그러나 이 모든 것이 인간에게 자유의 착각을 불어넣기 위한 것은 아니며, 오히려 인간 행위를 둘러싼 불투명성을 이해시키기 위한 것이다.

4. 신비주의 『윤리학』의 5부, 더 정확히 말해 5부의 후반부[9]는 주석가들에게 심각한 문제들을 제기해 왔다. 어떤 이들은 거기서 스피노자주의의 근본 테제들이 포기된다고 읽었다. 어떤 이들은 스피노자가 다른 데서는 거부했던, 인간 삶의 종교적 독해에 대해 한발 양보하고 있을 뿐이라고 읽었다. 마지막으로 또 다른 이들은 지금까지 수학적 형식을 통해 잠정적으로 감춰 왔던 책의 실질적 의미가 계시된다고 읽었다. 사실 모든 것은 용어들에 어떤 의미를 부여하느냐에 달려 있다 ─ 그러나 용어들의 의미는 한낱 단어의 문제는 아니다! 어떤 학설이 단호하게 개체와 절대자의 관계를 고찰할 때, 혹은 어떤 도정이 국가의 구축이나 과학의 직접적 발전에만 관심을 두지는 않을 때, 이를

---

9   [옮긴이 주] 5부의 후반부는 5부 정리 21~42를 말하며, 정신의 영원성, 3종의 인식과 영원의 관점, 신의 지적 사랑, 지복이 다루어진다.

'신비적'이라고 부른다면, 스피노자는 늘 신비주의자로 특징지을 수 있다. 단 스피노자의 체계를 이해하는 데 별 소득은 없이 말이다. 하지만 '신비적'이라는 말을 신비적 경험으로 이해하거나, 이성을 넘어 더 높은 형태의 인식으로 향하는 것을 의미한다면, 이는 완전한 오해이다. 『윤리학』의 말미에서 다루는 영원성의 경험은 어떤 영적이거나 금욕적인 도정의 끝으로 제시된 적이 없다. 영원성의 경험은 오히려 출발점에 있는데, 왜냐하면 모든 경험처럼 이 경험 역시 모든 인간이 공유하기 때문이다. 반대로 인식의 도정은 이 경험에서 알려지지 않은 원인들을 인식하게 하는 데에 도달한다. 물론 인식 종류들 사이의 차이는 있다. 그러나 이 차이는 2종의 인식이 3종의 인식 아래에 있다는 것도 아니고, 3종의 인식 역시 이성을 포기하고 아무도 알 수 없는 비합리적인 혼융으로 나아가지도 않는다. 2종의 인식과 직관지에 의한 인식 사이에는 어떤 단절도 없다. 둘은 확실성의 정도가 아니라 대상에 따라 다를 뿐이다. 앞서 말했듯이, 둘 다 증명적이다.

4장

수용

『신학정치론』에 대한 비판

150년 정도 지속된 스피노자의 첫 번째 이미지는 무신론자의 이미지 또는 불경한 자의 이미지였다. 그에게 호의를 보인 사람들은 종교에 대해 이미 비판적인 시각을 가지고 있던 사람들이었다 - 그러나 이들의 스피노자 해석 역시 대개는 그들의 반대자의 해석과 역대칭을 이룰 뿐이었다.

1670년의 『신학정치론』의 출판은 청천벽력 같은 일이었다. 사람들은 이 책이 양심의 자유를, 즉 종교 선택의 권리(사람들은 이를 아예 종교를 갖지 않을 권리로 이해했다)를 옹호하고 있다고, 이는 필시 사회의 파괴를 초래할 것이라고 비난했다 - 특히 여기에 (『윤리학』 4부에서 체계화된) 선악의 상대성을 추가한다면 더욱 그럴 것이라고. 성경 비평 역시 허용될 수 없다고 평가했다 - 특히 모세가 모세 5경의 저자가 아니라는 증명(이는 겨우

『신학정치론』의 한 장의 절반에 불과하다)과 모음 표시가 나중에 추가되었다는 증명[1]이 그러했는데, 이 증명들은 전통적인 성서 해석을 흔들고 호교론자들의 분노를 부채질했다. 라이프니츠의 스승인 야곱 토마지우스가 처음으로 공개적으로 공격했고 뒤이어 목사들과 대학인들이 줄줄이 이 저작을 규탄했다.[2]

스피노자의 이미지는 1680년대에 벌어진 구약에 대한 리샤르 시몽(Richard Simon)과 장 르클레르(Jean Le Clerc) 사이의 논쟁에도 떠돌고 있다. 왕권신수설로 유명한 가톨릭 신학자 보쉬에(Bossuet)가 『보편사에 대한 논의*Discours sur l'Histoire universelle*』에서 스피노자를 거명하지 않은 채 성서 텍스트에 왜곡이 존재한다는 점을(물론 이 왜곡이 대수롭지 않다는 것을 말하기 위해서이긴 하지만) 마지못해 인정한 것을 보면 스피노자는 이미 승리한 셈이다. 정통파조차 그들이 권위와 정당성을 내세우곤 했던 특정 쟁점들에서도 스피노자의 해석에 양보할 수밖에 없

---

1 [옮긴이 주] 이것의 의미에 대해서는 1장(생애) 주석 54를 참조하라.

2 프랑스의 경우, 폴 베르니에르의 박사논문 첫 번째 장을 보라. 독일의 경우, *Spinoza entre Lumières et Romantisme*(*Cahiers de Fontenay*, 1985)에 실린 만프레드 발터의 논문을 보라. 또한 크리스토폴리니가 조직한 코르토나 세미나 논문집인 *L'hérésie spinoziste. La discussion sur le TTP 1670~1677*, APA-Holland UP, Amsterdam, Maarssen, 1995 역시 참조하라.

었던 것이다.

실체의 단일성

논쟁의 두 번째 주요 주제는 형이상학, 특히 실체의 단일성이나 필연주의에 대한 것이다. 이 주제는 세 명의 인물을 통해 예증된다. 피에르 벨, 말브랑슈, 라이프니츠가 그들이다. 벨은 『역사적·비평적 사전』의 한 항목을 스피노자에 할애했고, 많은 독자들이 스피노자의 라틴어 유고집보다 접근하기 용이한 벨의 요약을 통해 스피노자주의에 친숙해졌을 것이다. 벨은 스피노자의 삶을 '유덕한 무신론자'의 모델이라고 찬양한다.(물론 칼뱅주의 테마를 극단적으로 밀어붙이는 벨에게 무신론은 우상숭배 못지않게 위험하다는 점은 주지의 사실이다.) 그러나 그는 산출하는 자연과 산출되는 자연을 뒤섞으면서 스피노자의 학설을 희화화한다.[3] 스피노자주의는 신과 세계의 거대한 혼용으로 등장하며, 이 때문에 세계 안에 존재하는 모순들은 불가해하게 되어버린다. 여기서 스피노자 철학을 허용할 수 있는 한도는 벨이 표방하는 특수한 형태의 칼뱅주의에 의해 정해진다. 이에 따르면 스피노자의 유일 실체 사상은 초월성을 제거하며, 종교적 교리라는 울타리 없이 스스로의 과잉에 빠져버리는 이성의 모순을 구체적으로 보여준다.[4] 말브랑슈가 지성으로 파악되는 연장(延長)이라는 관념을 발전시킬 때, 그의 반대자들은 끊임없이 이 관념을 스피노자의 유일 실체와 결부시켰다. 라이프니츠의 경우, 그는 헤이그의 스피노자에게 편지를 보냈고 그를 만났지만 또한 그를 비난하기도 했다. 특히 데카르트주의자들과 논쟁할 때 그러했는데, 이 논쟁에서 그는 스피노자주의의 뿌리를 데카르트주의에서 찾아냈다. 그러나 라이프니츠의 형이상학은 때로는 『윤리학』과의 대화에서, 혹은 스피노자가 데카르트 철학에서 가져온 물음들에 스피노자와 다르게 답변하기 위한 노력에서 나온 것으로 보인다. 모나드(monade)는 유일 실체를 다수화하면서 이 실체의 자발성을 계승하는 것으로 보인다. 예정조화론도 스피노자가 사유와 연장의 '평행론'

---

3 [옮긴이 주] 벨에 따르면, "스피노자 체계에서 독일인이 만 명의 터키인을 죽였다고 말하는 사람들은 모두, 그것이 독일인으로 변양된 신이 만 명의 터키인으로 변양된 신을 죽였다는 것을 의미하지 않는 한, 잘못 말하는 것이다." 여기서 산출하는 자연인 신과 산출되는 자연인 양태들이 구별되지 않고 있다.

4 Bayle, *Écrits sur Spinoza*, Berg International, 1983를 보라.

을 통해 해결했던 데카르트 철학의 난점(영혼과 신체의 결합)을 해결하기 위한 것이다. 마지막으로 『변신론』은 강제의 뜻으로 이해되는 필연성의 보편 규칙은 받아들이지 않으면서 결정론을 생각할 방도를 모색한다.[5]

스피노자주의의 영향

그러나 스피노자를 비방하는 사람들만 있었던 것은 아니다. 스피노자주의를 표방하는 모임들도 있었는데, 이 모임들은 이미 스피노자 생전에 형성되어 지속되어 온 것들이다. 이들 모임의 구성원은 두 부류이다. 우선 치른하우스와 같은 과학자들이 있다. 치른하우스의 『정신의 치료*Medicina Mentis*』(1686)는 여러모로 볼 때 『지성교정론』의 학설과 데카르트의 방법 및

---

5   다음의 문헌을 보라. G. Friedmann, *Leibniza et Spinoza*, NRF, 1945(3판, 1974); E. Yakira, *Contrainte nécessité, choix. La métaphysique de la liberté chez Spinoza et Leibniz*, Zurich, Éditions du Grand Midi, 1989; *Studia spinozana 6, Spinoza and Leibniz*, 1990; R. Bouveresse, *Spinoza et Leibniz. L'idée d'animisme universel*, Vrin, 1992; M. Laerke, *Leibniz lecteur de Spinoza, La genèse d'une opposition complexe*, champion, 2008.

라이프니츠의 방법을 종합하려는 시도이다. 다음으로, 판 하텀 (Van Hattem)과 레인호프(Leenhof) 같은 기독교인들이 있다. 이런 모임들이 있었다는 사실은 두 권의 실화소설로 입증된다. 『필로파테르의 삶』과 『필로파테르의 삶 속편』이 그것인데, 이 소설들은 17세기 말 네덜란드의 지적 분위기에서 벌어진 이론 논쟁들을 묘사하고 있다.

이 모든 것은 사람들이 어쩌다 스피노자주의자가 되는 것은 아니라는 사실을 보여준다. 스피노자주의는 대개 이단적 데카르트주의의 몇 가지 토대들과 거리를 두는 데서 생겨나는 귀결이다. 이 때문에 데카르트 철학을 표방한 모임들은 그들 자신이 스피노자주의가 아님을 보여주기 위해 애써 스피노자주의를 반박하고자 했다. 역시 이 때문에 정통주의 집단들은 데카르트주의자의 반박이 불충분하며 위장된 변호론에 불과함을 보여주기 위해 데카르트주의자의 이런 반박을 반박한다. 논쟁은 결국 데카르트가 스피노자주의의 설계자(spinozismi architectus)인지 아니면 파괴자(eversor spinozismi)인지 찾아내려는 데로 나아간다.[6] 간단히 말해, 여기서 일어나는 스피노자주의의 수용은 당대의 철학이었던 데카르트주의의 분열을 보여주는, 그리고 몇몇 개신교 나라에서는 데카르트가 칼뱅주의와 맺었던 관계의 붕괴를 보여주는 증거이자 요인이다. 실상 네덜란드에서, 그리고 독일의 몇몇 대학에서 개신교 신학은 데카르트주의적 스콜라 철학을 지체 없이 채택했다. 이 동맹이 스피노자주의에 대한 최초의 논쟁 이후 와해된 것이다. 실제로 '에고 코기토'[나는 생각한다]의 형이상학 ─ 이 형이상학은 초월적 신과 무로부터의 창조를 발견하고 확립한다 ─ 을 통해 계시종교를 정당화하려는 애초의 합리적 시도는, 스피노자가 사유 능력으로서의 데카르트적 이성에 가져온 발전들 ─ 유일 실체, 내재적 신, 신의 한 속성으로서 인간의 의식을 초과하는 사유 ─ 과 정면으로 충돌한다.

범신론과 카발라주의

향후 크게 부각될 두 가지 새로운 해석이 18세기 초에 등장한다. 원래 로크의 제자였던 아일랜드 출신 자유사상가인 존

---

6 [옮긴이 주] 이 표현들은 각각 1718년에 출간된 요하네스 레기우스(Johannes Regius)의 책과 그에 대한 반박인 루아르도 안달라(Ruardo Andala)의 1719년 책 제목에 나온 표현이다.

톨런드(John Toland)는 신과 자연 전체를 동일시하는 학설을 가리키기 위해 '범신론'이라는 용어를 고안한다.(*Socinianism truly stated*, 1705) 그에 따르면, 범신론은 모세의 사상이자 스피노자의 사상이며 모든 계시종교에 공통적인 진정한 토대이다. 이때부터 스피노자의 학설에는 흔히 범신론이라는 딱지가 붙는데, 대개는 (톨런드의 입장과는 반대로) 위장된 무신론의 위선으로 비치게 되었다. 신이 어디에나 있다는 것은 신이 아무데도 없다는 것이라고 말이다.

요한 게오르그 바흐터(Wachter)는 스피노자주의를 카발라주의의 틀 안에서 읽으면서, 두 학설 모두 세계를 신격화한다는 이유로 규탄한다 – 이후 그는 자신이 규탄했던 쪽에 귀순할 것이다.[7] 그는 스피노자를 유대 전통에 따라 다시 읽는 방식을 보여준다. 논쟁 중에 종종 들끓었던 반유대주의 비방(유대인인 무신론자(juadeus et atheista))보다는 진지하고, 마이모니데스와의 고전적인 비교보다는 독창적인 수준에서 말이다. 이후에도 이 논의 주제는 일정한 간격을 두고 규칙적으로 다시 등장하지

---

7 *Der Spinozimus in Jüdentumb*, Amsterdam, 1699. *Elucidarius Cabbalisticus*, Amsterdam, 1706.

만, 합당한 정도의 엄밀한 해석자는 아직 없다.

신-스피노자주의

　18세기, 특히 후반기에 유일 실체론을 생명과학의 새로운 발전과 연관시키면서 이 실체론에 새로운 의미를 부여하는 스피노자 유산의 새로운 버전이 전개된다. 디드로(Diderot)의 진화가 좋은 사례일 수 있다. 초기에 디드로는 스피노자주의를 이신론 및 무신론과 대결시킨다.(『회의주의자의 산책*La Promenade du sceptique*』, 1974) 이후 그는 『백과전서*Encyclopédie*』에서 스피노자 체계를 제시함과 동시에 비판한다. 그의 논의는 벨과 브뤼커의 논의에 많은 부분 기대고 있으며 아무래도 그가 스피노자 저작을 직접 읽은 것 같지는 않다. 디드로의 비판은 (『백과전서』의 수많은 철학 항목들과 마찬가지로) 저자의 사적 판단을 많이 개입시키지 않는 수사적 정통을 함축한다. 마지막으로, 『달랑베르의 꿈*Le Rêve de d'Alembert*』이나 같은 시기에 나온 여타의 대화들에서 디드로는 "우주에는, 인간에는, 동물에는 단 하나의 실체밖에 없다."는 감각 물질의 형이상학을 구상한다. 이 유일 실체는 물질이지만, 살아 있고 역동적이며 항구적으로 유동하는 물질이다. 이는 물질에서 생명으로의 이행과 생명에서 사유로의 이행에 관한 논의들이 이루어지는 분위기를 보여준다. "단 하나의 개체만이 있으며, 그것은 전체이다." 이와 같은 신(新)-스피노자주의의 또 다른 사례는 라메트리(La Mettrie)이며, 다른 지평에서 유래하긴 했지만 이와 비슷한 발상들을 브느와 드 메예(Benoît de Maillet)의 『텔리아메드Telliamed』나 모페르튀이(Maupertuis)에게서도 볼 수 있다. 신-스피노자주의는 당대의 특징인 셈이다.[8]

요컨대 17세기가 신학적 논쟁의 틀 안에서 스피노자주의를 읽었고 계몽의 사조 전체가 또한 신학적 논쟁 안에 그것을 묶어두고자 했다면, 이와 같은 진화는 그러한 신학적 논쟁으로부터 스피노자주의를 탈출시키려는 노력을 입증한다. 또한 스피노자주의를 역량과 생성의 형이상학적 핵으로 사고하고자 하는 노력을 입증하는 것이기도 하다. 그렇다면 텍스트의 문자와 수학적 골조를 포기하고 필연주의를 또 다른 모델로 혁신해야 한다. 태동하는 생물학의 모델로 말이다.[9]

---

8   P. Vernière, *Spinoza en France jusqu'à la Révolution*, 1954, 2부 4장을 보라.

범신론 논쟁

스피노자주의는 독일에는 아주 일찍 소개되었다. 원자론이나 소치니파와 한데 묶여서 말이다. 이후 에델만(Edelmann)은 스피노자 식의 성경 독해를 신학의 장에 끌고 왔다. 이 독해의 귀결들을 한층 더 급진적으로 제시하면서 말이다.(『모세』) 이는 그의 의도와 반대로 일련의 박해를 불러왔다. 그러나 세기 말에는 독일에서의 성경학의 발전 덕분에 이전에는 완전히 이단적이었을 테제들이 상식적인 것이 된다.

이후 완전히 다른 것을 둘러싸고 커다란 논쟁이 벌어진다. 범신론 논쟁은 1785년 레싱(Lessing)의 사후 그의 신앙을 둘러싸고 일어난다. 그는 관용을 옹호했고 『볼펜뷔텔의 익명의 단편들 *Fragments de l'Anonyme de Wolfenbüttel*』[라이마루스(Reimarus)]을 출판했으며 멘델스존(Mendelssohn)과 더불어 계몽의 정점을 대표한다 ─ 곧 그는 전통을 비판하되, 계시종교를 미신으로부터 정화하고, 관용적이게 만들며, 나아가 이성의 체계 내에 한

---

9   돔 데샹(Dom Deschamps)에서도 스피노자주의의 또 다른 울림이 나타난다. G. B. Di Noi, *Lo spinozismo critico di Léger-Marie Deschamps*, Millella, Lecce, 1985.

자리를 마련해주면서, 계시종교를 정당화하려는 관심에서 비판한 것이다. 이 프로그램은 가장 열성적인 정통주의자들을 불쾌하게 할 수밖에 없었지만, 대신 계몽된 신자를 결집시킬 수 있었다. 그런데 야코비(Jacobi)는 1785년 『스피노자 학설에 대해 멘델스존에게 보내는 편지들』을 출간하여 레싱이 이전에 야코비 자신에게 스스로가 스피노자주의자라고 은밀히 고백했음을 폭로한다. [야코비의 전언에 따르면] 레싱의 마지막 사유는 다음의 유명한 정식으로 요약될 수 있을 것이다. "신에 대한 정통적 사유들은 더 이상 나에게 해당되지 않는다. 나는 이것들에 전저리가 난다. 헨 카이 판(hen kai pan, 하나이자 전체)! 나는 이것밖에 알지 못한다." 이는 『윤리학』의 문구를 그대로 가져온 것은 아니다. 그러나 계시신학에 맞서, 세계의 변양들 너머의 원리적 통일성을 사유한다는 점에서 '스피노자주의'이다. 멘델스존은 격분하여 『아침시간*Morgenstunden*』에서 자기 친구를 추모하면서 야코비의 이런 비방에 맞섰다. 지성계의 주요 인사 모두가 이 논쟁에 개입하여 스피노자를 다시 읽고, 그의 학설을 재평가하고, 계몽주의자들이 수용한 개념들을 문제시했다. 사실상 이 갈등은 계몽의 모순들을 나타나게 함으로써 계몽을 완성한다. 마치 한 세기 전에, 또 다른 갈등이 데카르트주의의 모순들을 백일하에 드러나게 했듯이 말이다. 동시에 야코비는 스피노자주의를 이성으로는 반박할 수 없다고 진술했다. 그래서 스피노자주의를 극복하기 위한 신앙으로의 '목숨을 건 도약'(salto mortale)이 필요해진다. 그것은 독립적인 철학적 사유를 다시 한번 정초하고자 하는 자들을 위해 형이상학에서 스피노자를 정당화하는 일이었다. 그러므로 이제 스피노자가 계시에 대한 위험으로서 등장한다면, 이는 더 이상 그의 불경 때문이 아니다. 스피노자가 철학과 종교를 유일 성령의 발현으로 보면서, 교회로 환원될 수 없는, 신에 대한 경합적 학설을 잠재적으로 담지하기 때문이다. 바로 이것이 낭만주의의 관점이 될 것이고, 그런 다음 독일 관념론의 위대한 체계들의 관점이 될 것이다. 이제 스피노자가 얼굴을 바꿀 시기가 무르익었다.

독일 전통

낭만주의자들은 범신론 논쟁으로부터 스피노자에 대한 새로운 독해를 끌어냈다. 이 독해에서 무신론자라는 전통적인 형상은 사라지고 그 반대의 것, '신에 취한 신비주의자'(노발리스)가 그 자리를 차지하게 된다. 이와 동시에 낭만주의자들은 신의 지적 사랑(amor intellectus Dei)을 요한복음의 로고스와 가까운 것으로 보았다. 괴테(그의 『프로메테우스』는 레싱과 야코비가 토론을 벌인 계기가 되었다)는 스피노자를 유신론자, 기독교인으로 규정한다. 따라서 스피노자는 이제 자유사상가들의 반기독교 논변만이 아니라 정통파의 비방으로부터도 멀어지게 되었다. 스피노자주의는 온전히 형이상학적 위엄을 얻게 된다. 그래서 헤겔은 "스피노자주의거나 아니면 철학이 아니거나"를 모든 철학자에게 부과되는 선택으로 진술한다. 이는 결코 스피노자주의에 머물러야 한다는 뜻이 아니다. 실체에 대한 긍정 때문에 스피노자주의는 필수적인 출발점이다. 그러나 스피노자에게 실체는 비활성적이고 공허한 반면, 변증법만이 이 실체를 주체로, 그러니까 자기운동을 할 수 있는 것으로 사고할 수 있다. 이 때문에 스피노자를 무신론자라고 비방하기보다는 차라리 무–우주론(a-cosmisme)이라는 딱지를 붙여야 하는데, 왜냐하면 그는 신의 유일성 다음에 세계의 현실적이고 다수적인 실존을 정당화할 수단을 갖추고 있지 않기 때문이다. 헤겔은 실체를 내적으로 전혀 분화되지 못한 것으로 이해하고, 속성들을 이런 실체에 대한 지성의 관점들로만 이해한다. 그리고 스피노자적인 비활성을 어떻게 교정해야 하는지를 일러준다. 연장을 사유에서 출발하여 사유하는 것, 그러니까 과정 안에 정신의 운동을 도입하는 것이 그것이다. 달리 말해, 스피노자주의에 대한 비판적인 평가를 통해 헤겔은 그 자신의 철학을 명료하게 정의하게 된다.[10]

스피노자는 이렇게 독일 사상에서 다양한 형태로 계속해서 현전한다. 쇼펜하우어는 『지성교정론』의 처음 몇 페이지를 찬양한다. 마르크스는 1841년 『편지들』과 『신학정치론』을 메모를 해가며 읽는다. 니체는 1881년 7월 30일 오버벡에게 보내는 편지에서 이렇게 쓴다. "나는 나의 선조를 발견했다네!" 그런데 1881년 8월 그는 향후 그의 사상에 혼을 불어넣을 위대한 개념들을 벼려낸다 ─ 기쁨(laetitia) 개념과 힘에의 의지 개념, 신의 사랑(amor dei)와 운명애(amor fati), 필연성과 동일자의 영원회귀 사이의 근접성을 보여주는 연구가 있다.[11]

---

10 스피노자와 헤겔 두 체계의 대결에 대해서는 P. Macherey, *Hegel ou Spinoza*, Maspero, 1978 혹은 La Découverte, 1990(국역, 『헤겔 또는 스피노자』, 진태원 역, 그린비, 2010)를 보라.

11 Y. Yovel, *Spinoza et d'autres hérétiques*, 2부 5장을 보라.

19세기 프랑스

절충주의 학파의 스승이었고 이후에는 대학 제도의 스승이었던 빅토르 쿠쟁(Victor Cousin)은 감각주의와 전통주의라는 두 가지 전선에서 싸운다. 그는 처음에는 헤겔과 스피노자를 표방했다. 그런 다음 우파로부터 범신론자라는 비판을 받고는 이 성가신 준거들을 버리고 데카르트를 '최초의 프랑스 심리학자'로 신성시하면서 그의 계승자로 자처한다. 그래서 쿠쟁은 의식 분석을 토대로 형이상학을 정초할 수 있었다. 이런 지형에서 쿠쟁과 그의 동료들은 스피노자를 비난한다. 스피노자가 의식과 경험의 가르침을 업신여기고, 수학의 악마에 떠밀려 급기야 절대적 필연성을 긍정함으로써 데카르트주의를 왜곡했다고. 그래서 스피노자는 범신론, 정확히 말해 두 가지 형태의 범신론 중 하나에 빠지게 된다고. 그러니까 신을 세계 안에 흡수하는 범신론이 아니라 세계를 신 안에 흡수하는 범신론에 빠지게 된다고.(그는 헤겔의 교훈을 알아들었다.) 따라서 스피노자는 유물론과 유사한 것이 아니라, 차라리 데카르트주의의 신비주의적 일탈과 유사하다고 말이다. 이렇게 쿠쟁 학파는 상투적 유형을 만들어냈고, 이것은 프랑스 대학과 쿠쟁 학파의 영향을 받은 사람들에게서 오랫동안 통용될 것이다.

이 구축물은 쿠쟁의 정신주의보다 더 급진적인 정신주의에 의해 비판받는다. 이 정신주의는 데카르트를 스피노자와 연루시키면서 데카르트를 공격한다.(이는 라이프니츠의 전술이며, 게다가 이 주장의 주요한 지지자는 라이프니츠의 미간행 원고의 편집자인 푸세 드 카레이유(Foucher de Careil)이다.) 말년에 쿠쟁은 데카르트를 스피노자로부터 더 많이 떼어놓음으로써 자신을 방어한다. 이때 그는 스피노자의 범신론이 유대적 전통, 특히 카발라에서 유래했다고 진술한다 – 이제 스피노자 학설은 데카르트 과학에 조금도 빚진 바가 없게 된다. 심지어 과장해서 말한다고 하더라도 말이다.

또 다른 비판은 실증주의자들의 비판이다. 이들은 쿠쟁 학파 사람들에게 그들의 수사학이 인류 발전의 현실적 법칙을 설명할 수 없다고 비난한다. 텐느(Taine)가 좋은 사례이다. 그는 스피노자를 표방하는데, 지금까지 철저하게 혐오되어 왔던 이 결정론을 스피노자에게서 읽어냈다는 바로 그 이유 때문이다. 우리의 모든 행위는 자연 대상들을 지배하는 법칙들처럼 설명 가능한 법칙들에 의해 규정된다. 『윤리학』 3부와 4부가 제공하는 모델에 따라, 우리는 라 퐁텐느와 티투스 리비우스는 물론이거니와, 한 사람의 정념들이나 한 민족의 기질까지 설명할 수 있다. 이렇게 스피노자는 텐느의 손을 거쳐 가장 객관주의적인 사회과학의 선구자로 나타나게 된다.

문학적 독해

시간이 많이 흘러 바야흐로 스피노자가 문학적 인물로 등장할 정도가 된다. 이 일을 감행한 최초의 사람은 독일의 스피노자 번역자이자 전기 작가인 베르톨트 아우어바흐(Bertold Auerbach)이다. 민주주의와 진보를 위해 헌신했던 유대인 자유주의자였던 아우어바흐는 우리엘 다 코스타와 스피노자를 전통에서 해방된 사상의 대표자로 그려낸다. 천재는 사람들을 진보의 길로 안내할 임무가 있지만, 미신과 비합리성에 부딪친다는 것이다. 영국에서는 조지 엘리엇(George Eliot)이 대표적인데, 이전에 『윤리학』과 『신학정치론』을 번역하기도 했던 그녀는 자신의 소설에서, 예속과 자유, 적합한 관념과 부적합한 관념, 유한한 선들에 대한 욕망과 진리의 추구를 맞세우는 스피노자적 도덕을 전파한다. 프랑스의 경우, 스피노자는 폴 부르제(Paul Bourget)의 소설 『제자*Le Disciple*』에서 (텐느 곁에서) 나쁜 스승의 역할을 한다. 주인공은 삶 전체가 오직 사유하기 라는 말로 집약되는 근대 철학자이다. 그는 스스로에게 자비 를 금하는데, 스피노자처럼 "연민은 이성에 따라 살아가는 현 자에게서는 나쁘고 무용하다."고 평가하기 때문이다. 그는 기 독교 안에 있는 인류의 질병을 혐오한다. 그는 다윈과 스피노 자를 지지대로 삼아 "도덕적 우주는 물리적 우주를 정확히 재 생산하며" "도덕적 우주는 물리적 우주에 대한 고통스럽고도 황홀한 의식에 지나지 않는다."는 생각을 펼친다. 이 이야기의 교훈은 이와 같은 철학에서는 제자가 스승의 원리를 너무도 잘 적용한 나머지 범죄를 저지르게 된다는 것이다. 스승이 다 른 면에서는 '매우 온화한' 자로 기술된다는 것은 정상참작의 이유가 되지 못한다. 중요한 것은 유덕한 무신론자가 다른 사 람들보다 더 나쁘다는 것을 보여주는 일이다.

정신분석학

20세기 들어서는 스피노자주의와 가깝다고 - 막연한 정도만이라도 ― 인정하거나 스피노자주의를 통해 비옥해졌다고 인정하는 사상은 대개 좁은 의미의 철학 바깥에서 찾아야 한다. 정신분석학이 그런 경우다. 프로이트는 실제로 스피노자를 한 번도 인용한 적이 없고 아마도 읽어본 적도 없는 것 같지만, 언젠가 이에 관한 물음에 자기는 항상 "스피노자주의적인 분위기에서" 살아왔노라고 대답했다. 실상 그와 가까운 사람들 중 여럿(루 안드레아-살로메(Lou Andreas-Salomé))와 빅토르 타우스크(Victor Tausk))이 스피노자의 학설과 인물을 아주 잘 알고 있었다. 스피노자의 유령은 자주 정신분석학의 역사를 따라 다닐 것이다. 일례로 자크 라캉이, 그가 보기에 프로이트 정신분석학과 더 잘 합치하는 테마들을 고독하게 지키고자 공식적인 정신분석학 기관과 절연했을 때, 그는 스피노자를 암스테르담의 시나고그에서 추방했던 헤렘을 환기시킬 것이다.

19세기와 20세기의 유대주의

스피노자에의 준거는 유대 계몽주의 운동(하스칼라(haskala))에 일정한 역할을 했다. 여기서 스피노자는 게토 탈출의 선구자이자 종교 전통에서 풀려난 유대주의 해방 운동의 선구자로 간주되었다. 나중에 베를린의 유대인 철학자 콘스탄틴 브루너(Constantin Brunner)는 스피노자를 자신에게 영감을 준 사람들 중 하나로 꼽고, 영혼과 신체의 통일성이라는 학설을 발전시킨다. 이 학설은 직업 철학자 사이에서는 거의 성공하지 못했으나 의사와 생물학자로 이루어진 다양한 집단에는 많은 영향을 미쳤다. 마지막으로 시오니즘 운동에서 스피노자라는 인물은 무시 못할 역할을 한다. 유대주의 역사가이자 예루살렘의 히브리 대학의 설립자 중 한 명인 요셉 클라우스너(Joseph Klausner)나 벤 구리온(Ben Gourion)의 경우가 그렇다.

20세기 문학

스피노자의 숭배자 중에는 뜻밖에도 나치즘과 연결된 작가도 있다. 에르빈 기도 콜벤하이어(Erwin Guido Kolbenheyer)가 그런 경우다. 물론 그의 소설 『신의 사랑*Amor Dei*』은 민족사회주의 독재보다 한참 전에 나왔지만(1908), 이 소설은 이미 작가가 이후 어떻게 진화할지를 엿보게 하는 비합리주의 및 위대한 개인에 대한 숭배 사상으로 물들어 있다. 여기서 군중은 자기 파괴의 씨앗을 담고 있는 생명력의 구현체일 뿐이다. 인민은 예속을 위해 태어나며, 예외적인 개인(이 경우 스피노자)은 우중의 이런 힘에 매혹되지만 이내 이 짐승 같은 난폭함에 거부감을 갖게 된다.

합리주의적 관념론의 전통은 스피노자로부터 완전히 다른 교훈을 얻는다. 로맹 롤랑은 '페르네(Ferney)의 섬광'과 '톨스토이의 섬광' 사이에서 '스피노자의 섬광'을 떠올린다. "존재하는 모든 것은 신 안에 있다. 나 또한 신 안에 있다! 겨울밤에 접어든 얼음장 같은 내 방을 빠져나와 나는 실체의 심연으로, 존재의 백색 태양으로 들어갔다." 줄리앙 방다(Julien Benda)는 모라(Maurras)와 바레스(Barrès)의 비합리주의에 맞서 『성직자의 배신 La Trahison des Clercs』을 썼는데, 이 책은 모라의 추론의 은밀한 토대가 되는 미적 감정에 대한 분석으로 끝맺는다. 방다는 모라에 "정확히 그 반대 유형"을 맞세우면서 "과연 누가 '지성'의 편이라 자처할 수 있는지 독자들에게 판단을 맡긴다." - 이 '반대 유형'은 스피노자의 인용을 통해 구체화된다.[12]

스피노자는 또한 환상문학에도 등장한다. 카렐 차페크(Karel Čapek)의 『절대자의 공장 Tovàrna na absolutno』에서 어떤 공학자는 물질을 완전히 분해해서 절대자를 해방시키는, 그러니까 이 물질에 담겨 있는 신을 해방시키는 기계를 발견한다. 그 결과 이 기계는 세계에 순수하고 사나운 상태의 신을 퍼뜨린다 — 게다가 결국 파국에 이른다. '범신론'이라는 제목의 장에서, 이 공학자는 자신의 발견에 흥미를 보인 사업가에게 스피노자를 읽어보았는지 물어보고 이렇게 설명한다. "스피노자가 가르친 것을 알고 있나? 물질은 단지 신적 실체의 발현이거나 신적 실체의 한 측면에 불과하며, 다른 측면은 영혼이라네." 마지막으로 호르헤 루이스 보르헤스는 스피노자에 관한 다수의 저술을 남겼는데, 그는 "희미한 빛 아래서 신을 작도한" 철학자에게 매혹되었노라 고백한다.

---

12 *La Trahison des Clercs*, Grasset. 1927, p. 300. 이 책의 마지막 구절의 마지막 줄이다. 인용은 『윤리학』 1부 부록의 마지막 면에서 온 것이다. "사물의 완전성은 오직 그 본성에 따라 평가되어야 하며, 우리 감각을 유쾌하게 한다거나 해롭게 한다는 이유로 더 완전하거나 덜 완전한 것이 아니다."

결론

　스피노자주의에는 어떤 형용어가 적합할까? 스피노자주의 수용의 역사는 스피노자주의에 나름의 형용어를 붙이곤 했다. 이들 형용어는 대개 스피노자의 체계 자체에 대해서보다는 그 것을 붙이는 사람들에 대해서 더 많은 것을 말해주었다. 그것 은 [스피노자 철학에 대한] 거리감이나 매혹을 표현했고, 새로 운 이론적 배치의 여지를 제공했다. 어쨌든 그 형용어들은 성 찰해야 할 무언가를 제공하곤 했다. 오해들이 아무런 근거가 없는 것은 아니며, [잘못된] 해석이라 할지라도 모두 동등한 것 은 아니다.

　정신주의, 신비주의, 범신론이라는 형용어 ─ 분명 스피노자 는 이 중 어디에도 해당되지 않는다. 무신론, 유물론이라는 형 용어 ─ 앞서 보았듯, 이 말들은 다소 조심스럽게 사용해야 한 다. 이 말들이 실제로 무언가를 일러준다면, 학설의 내용에 대 한 기술로서보다는 스피노자가 전략적 각축장에서 차지하는 위치의 견지에서이다.

결국 스피노자주의를 특징짓는 데 가장 적당한 형용어는 아마도 '합리주의'라는 용어일 것이다. 그런데 이 용어는 다른 철학자들에게도 적용되므로 이 말 자체를 더 분명히 해야 한다. **절대적 합리주의** - 게루와 마트롱에게서 빌려 온 이 표현에 대해 오해하지 말아야 한다. 이 표현은 이성이 도처에, 단번에 있다는 것이 아니라, 실재적인 것은 모조리 지성적으로 파악할 수 있다는 것을 의미한다. 또한 우리에게는 인간 본성을 포함한 자연을 이해하는 데 이성보다 더 좋은 것이 없음을 의미한다. **역사적 합리주의** - 스피노자를 인간 실존에 대해서는 거의 아는 바가 없고 온전히 신만을 향하는 철학자로 보는 사람들에게 이 표현은 놀라울 것이다. 그러나 이 표현은 진리 규범이 역사적으로 산출된다고 생각하고, 교회나 국가가 상이한 형태하에 발전할 수 있다고 생각하고, 자유에 구체적 역사가 있다고 생각하는 철학자를 나타내기에 상당히 적절하다. **전투적 합리주의** - 여기서 중요한 것은 스피노자의 몇 가지 일화(물론 이 일화들은 의미심장할 수 있다)나 그가 (복셀이나 뷔르흐와 같은) 몽매주의의 신봉자들에 맞서 내놓는 냉랭한 정식들을 참조하는 일이 아니다. 핵심은 스피노자 체계가 하나의 목표를 가지고 있으며 말해진 모든 것은 이 목표를 향해 있음을 환기하는 것이다. 모든 사람이 평화, 안전, 정치적 자유를 공유하게 하는 것, 또한 그들 중 최대수가 영혼의 해방을 누리게 하는 것 말이다.

한국어판에 부치는 저자 후기

이 저작을 번역하느라 수고해준 김은주와 김문수에게 감사한다. 나 자신이 번역을 해보았기에 번역이라는 것이, 특히 철학적 텍스트의 번역이 얼마나 어려운 기예인지 알고 있다. 번역자는 원저자의 생각을 존중하면서 동시에 그것을 해당 언어와 문화 안에서 이해 가능하게 만들어야 한다. 그런데 언어는 단지 단어들의 저장소가 아니며, 단어 또한 해당 언어 안에서 흔히 여러 의미를 담고 있기 마련이다. 이 점은 개념을 담지하는 단어들 역시 마찬가지이다. 이 경우 개념의 의미는 대개 그 단어가 (출발지의 언어 안에서) 근접한 용어군과 맺는 연관하에 산출된다. 그러나 도착지의 언어에서는 이런 연관이 없을 수 있다. 이 경우 다른 용어군 및 다른 연관을 찾아야 할 것이며, 이 연관은 다른 근접어들을 시사할 수 있고 다른 의미를 전달할 수 있다. 이는 다양한 선택을 함축한다. 무엇이 핵심이고, 무엇이 희생되어도 좋은가? 무엇이 반드시 명시되어야 하고,

무엇이 암묵적인 것으로 남아도 좋은가? 이 선택은 투명하게 이루어지지는 않는다. 따라서 이 선택에는 이론적 대가가 따른다. 철학적 텍스트의 번역은 그 자체가 철학적 작업이다.

어떤 텍스트를 번역할 때 작업을 어렵게 하는 요소 중 하나는 그것이 원래 문화에 뿌리내리고 있다는 점이다. 여기서 내가 스피노자와 스피노자주의를 현재 프랑스와 유럽 문화에서 강력한 준거로 만든 동기가 무엇인지를 일러 둔다면 필경 쓸모없는 일은 아닐 것이다. 흔히 세 가지 동기를 들곤 하며 나는 여기에 네 번째 동기를 덧붙일 수 있다고 생각한다.

마르크스주의의 역사 마르크스와 헤겔 사이의 관련에 대해서는 많은 논의가 이루어졌다. 그러나 스피노자라는 인물 역시 마르크스주의 전통에서 핵심 역할을 했음이 드러나며, 여기에는 이유가 있다. 마르크스는 '논리학'을 쓰겠노라 약속했지만 쓰지 못했다. 하지만 그의 성숙기 텍스트를 분석해보면 그의 범주들이 헤겔주의 논리보다는 스피노자주의 논리에 훨씬 더 쉽게 들어맞는다는 것을 알 수 있다. 인과성과 필연성, 개인과 전체의 관계, 이데올로기 및 이데올로기가 개인들 안에 닻을 내리고 있다는 사실과 같은 스피노자의 개념들은 『자본』에서, 그리고 마르크스의 정치적 텍스트에서 가동 중인 사유 작업을 밝힐 수 있게 한다. 이 때문에 (특히 프랑스에서) 마르크스주의의 역동성과 엄밀성을 다시 생각하고자 작업해 온 이론가들 – 루이 알튀세르, 에티엔 발리바르, 안토니오 네그리 혹은 프레데릭 로흐동 – 은 그들의 생각을 표현하기 위해 다양한 방식으로 스피노자를 준거로 삼았다. 그렇다고 해서 스피노자가 마르크스주의의 '선구자'라는 것은 아니고, 다만 그것은 마르크스주의의 합리성을 이해하기 위한 아마도 최상의 수단일 것이다.

정신분석학 『윤리학』의 3부 또는 『신학정치론』의 몇몇 구절을 읽노라면, 사람들은 계속해서 프로이트를 떠올리곤 했다. 각자가 자기 자신에 대해 어둡다는 것, 욕망의 힘과 가면, 감정의 역량, 이 모든 것은 정신분석학의 교훈과 아주 잘 들어맞는 것처럼 보인다. 물론 스피노자에게서는 무의식이라는 중심 개념이 부재하며 이 점이 두 학설을 동일시하려는 모든 노력을 결정적으로 가로막을 수밖에 없을 것이다. 그러나 실상 정신분석학의 역사에서, 특히 라캉을 중심으로 보면, 스피노자라는 준거는 프로이트의 유산을 순응적이고 적응적인 "자아 심리학"으로 뒤바꾸는 일탈적 경향을 피하게 해주었다. 마르크스의 경우처럼, 스피노자주의적 독해는 필경 프로이트 정신분석학의 급진적 동학을 보존하는 데 기여했을 것이다. 게다가 역설적으로 정신분석학에 대한 들뢰즈의 비판에 대해서도 같은 말을 할 수 있을 것이다. 스피노자라는 지주는 (니체라는 지주가 그랬듯이)『안티 오이디푸스』와『천 개의 고원』을 쓰는 데 필요한 개념적 도구를 창출하는 데 기여했다.

과학에 대한 반성 20세기 프랑스 철학의 가장 두드러진 특징 중 하나는 이른바 역사적 인식론의 구성이다. 다양한 형태의 반합리주의 앞에서, 그리고 아카데믹한 전통의 고약한 "과학들에 대한 철학" 앞에서, 카바이에스에서 알튀세르에 이르기까지 역사적 인식론은 이성의 진정한 사유가 과학들의 구체적 역사에 대한 반성을 떠나서는, 과학들이 마주친 장애들을 떠나서는, 과학들의 토대가 된 단절을 떠나서는, 그리고 과학들을 진보하게 만든 갈등을 떠나서는 존재하지 않음을 보여줄 수 있었다. 이런 의미에서 이성은 역사적이고 비판적인 것으로 나타나며, 스피노자는 여기서도 하나의 모델 혹은 준거로 발견되었다. 사람들은 종종 레지스탕스의 영웅이자 수학철학자인 장 카바이에스의 문구를 인용하곤 한다. "나는 스피노 자주의자다. 나는 우리가 도처에서 필연적인 것을 파악한다고 믿는다. 수학의 연쇄들은 필연적이며, 수학의 단계들 역시 필연적이며, 또한 우리가 이끌고 있는 이 투쟁 역시 필연적이다."

역사적 유물론, 정신분석학, 인식론 — 이 세 가지 사유 운동이 스피노자의 현대성을 재발견했고, 스피노자는 이 세 운동으로 하여금 각 운동의 적수들이 희화화시킨 것, 혹은 각 운동의 아류들이 내세우는 의심스러운 전통에 의해 희화화된 것과는 다른 방식으로 스스로를 사유할 수 있게 해주었다. 그런데 이 시대를 살아가는 우리가 스피노자를 들여다봐야 할 네 번째 이유를 덧붙여야 하리라.

몇 년 전부터 프랑스에서는 철학적 인간학에 대한 반성이 전개되고 있다. 이것은 독일에서는 두 세기 전부터 아주 강하게 대두된 사유의 흐름이지만, 국경의 이편에서는 거의 무시되어 왔던 것이다. 이 인간학적 반성은 두 가지 형태를 취할 수 있다. 하나는 실상 숱하게 반복되어 온 개인주의적 인간주의인데, 그것은 행태학, 사회생물학, 진화심리학 같은 인간과학 혹은 생물학의 최근 성과의 전용에 기대고 있다. 그것이 겨냥하는 바는 인간 본성이 선험적으로 인식가능하고 영속적임을 다시 확인하는 것, 인간 행위와 사회적 관계들을 변형시키려는 모든 시도를 실추시키는 것이다.

반대로 유물론적이고 비판적인 두 번째 형태의 철학적 인간학을 구성하는 것이 만일 가능하다면, 그것은 아마도 스피노자를 지주로 이루어질 것이다. 특히 그의 인간 신체 이론과 상상계의 구성 및 개인들 간의 관계에 대한 이론이 지주가 될 것이다. 오직 이런 조건에서 한편으로 인간 신체를 산출하는 물리적이고 생물학적인 소여와, 다른 한편으로 이 신체가 그 법칙과 한계를 전유하는 역사·사회적 구조 사이에 무엇이 일어나는지를 이해할 수 있을 것이다. 이런 노력을 밑거름 삼아, 인간 역사의 씨실을 이루는 지배와 해방의 형태가 사유될 수 있을 것이다.

2018년 11월 16일
피에르-프랑수아 모로

참고문헌

작업도구

J. Préposiet, *Bibliographie spinoziste*, Belles Lettres, 1973.

Bulletin de bibliographie spinoziste, in 4e Cahier annuel des *Archives de Philosophie*, 1979년 이후.

Emilia Giancotti-Boscherini, *Lexicon spinozanum*, La Haye, Nijhoff, 1972.

Fokke Akkerman, *Studies in the posthumous Works of Spinoza*, Groningue, 1980.

저작집

Benedicti de Spinoza Opera quotquot reperta sunt, éd. J. Van Vloten et J. P. N. Land, La Haye, Nijhoff, 2 vol., 1883 ; 3 vol., 1895 ; 4 vol., 1914.

Spinoza Opera. Im Auftrag der Heidelberger Akademie der Wissenschaften herausgegeben von Carl Gebhardt, Carl Winter, Heidelberg, 1925.

Spinoza, *Œuvres*, éd. publiées sous la dir. de P.-F. Moreau, Paris, PUF; T. I *Premiers écrits(Traité de la réforme de l'entendement, Court Traité)*, 2009; T. III, *Traité théologico-politique*, 1999; t. V, *Traité politiques*, 2005.

Un manuscrit de l'*Éthique* a été récemmnet découvert dans les archives du Vatican. Il n'est pas de la main de Spinoza, mais a été copié de son vivant(en 1675) par l'un de ses proches et remis à son ami Tschirnhaus. Une première édition en a été procurée par Leen Spruit et Pina Totaro(*The Vatican Manuscript of Spinoza's Ethica*, Leiden, Brill, 2011). Ses variantes sont prises en compte dans la nouvelle édition de l'*Éthique* aux Puf.

번역

프랑스어로 번역된 가장 편리한 저작집은 샤를 아펭의 번역이다.(Charles Appuhn, Garnier, 〈GF〉 시리즈 재판본, 4 vol.)

『윤리학』이나 『지성교정론』 등의 개별 저작에 대해서는 다양한 번역이 있다.

연보

1565년   네덜란드 독립 전쟁(80년 전쟁) 시작.

1581년   네덜란드 연합주 성립.

1584년   오라녀의 빌럼[1세] 사망.

1602년   네덜란드 동인도회사 창립.

1603년   아르미니우스와 고마루스, 레이던 대학에서 종교적 관용과 의지의 자유의 문제를 둘러싸고 논쟁.

1610년   아르미니우스 제자, 「항변파 선언」 출판.

1618년   30년 전쟁 발발.

1618~9년   도르트레흐트 종교회의가 개최되어 아르미니우스파 축출. 오라녀가의 마우리츠가 권력을 강화하고 연방 재상 올덴바르너펠트를 처형.

1628년   데카르트, 네덜란드 거주.

1632년   스피노자, 암스테르담에서 출생.

1633년   갈릴레오, 종교 재판.

1638년   암스테르담에 포르투갈계 유대 공동체 성립.

1641년   데카르트, 『제일철학에 관한 성찰』 출판.

1642년   홉스, 『시민론』 출판.

1648년   베스트팔렌 조약으로 30년 전쟁과 네덜란드 독립 전쟁 종식.

1650년   오라녀의 빌럼 2세 쿠데타 실패.

1652~4년   제1차 네덜란드-영국 전쟁.

1653년   얀 더 빗, 네덜란드 연방 재상 취임(~72년까지).

1654년   스피노자의 아버지 미카엘 사망.

1656년   스피노자, 암스테르담 유대 공동체로부터 추방(헤렘). 판 덴 엔던의 학교에서 라틴어와 고전을 배움.

1660년	쿠르 형제, 네덜란드에서 공화정을 지지하는 저작『국가에 대한 고찰』출판.
1660~1년	스피노자, 레인스뷔르흐로 이사.
1662년	영국 왕립과학회 결성.
1663년	스피노자, 포르뷔르흐로 이사.「형이상학적 사유」를 부록으로 실은『르네 데카르트의『철학의 원리』에 대하여』를 출판.
1665년	판 덴 엔던,『자유로운 정치 제도』를 익명으로 출간.
1666년	스피노자의 동료 메이어르의 책『철학, 성서의 해석자』가 익명으로 출판됨.
1668년	급진 자유사상가인 아드리안 쿠르바흐, 암스테르담에서 체포되어 재판.
1669년	스피노자, 헤이그로 이사.
1670년	스피노자,『신학정치론』을 익명으로 출간.
1672년	네덜란드 재앙의 해. 프랑스가 네덜란드 공화국에 침입. 더 빗 형제는 실각하여 살해됨. 오라녀의 빌럼 3세가 네덜란드 총독에 취임.
1674년	홀란트 주와 네덜란드 연합주에서『신학정치론』이 금서가 됨.
1676년	라이프니츠, 헤이그의 스피노자를 방문.
1677년	스피노자 사망. 로마 가톨릭(바르베리니 추기경)이 스피노자의『윤리학』출판을 저지하기 위한 조사를 함. 스피노자 유고집의 라틴어 판본(Opus Posthuma)과 네덜란드 판본(Nagelate Schriften)이 출판됨.
1678년	네덜란드에서 스피노자 저작의 출판, 인쇄, 유포가 금지됨.
1687년	뉴턴,『자연철학의 수학적 원리』출판.
1688년	영국의 명예혁명. 모세 5경의 저자와 구약의 원본성을 둘러싼 리샤르 시몽과 장 르클레르의 논쟁.
1689년	존 로크,『시민정부론』출판.
1697년	피에르 벨, 자신의『역사적 비평적 사전』에서 스피노자를 "놀라울 만치 유덕한 체계적인 무신론자"라고 평가.
1704년	요하네스 콜레루스,『스피노자의 생애』출판.
1719년	장 막시밀리앙 뤼카의『스피노자 선생의 생애와 정신』이 출판됨.

인명 색인

레바(Revah, I. S.) 20세기의 스피노자 연구자. 32, 49

레싱(Lessing, G. E.) 215, 216, 218

레인호프(Leenhof, Frederik van, 1647~1715) 네덜란드의 철학자. 210

롤랑, 로맹(Rolland, Romain, 1866~1944) 226

루세, 베르나르(Rousset, Bernard) 20세기의 스피노자 연구자. 134

뤼카, 장 막시밀리앙 (Lucas, Jean Maximilien, 1647~97) 스피노자의 제자를 자처한 스피노
자 전기 작가. 28, 30, 33, 92

르클레르, 장(Leclerc, Jean) 제네바 출신의 성서 연구자. 45, 206

리우베르츠, 얀(Rieuwerts, jan) 출판업자이며 스피노자의 친구. 88, 108

림보르흐(Limborch, Pilipp de) 55

립시우스, 유스투스(Lipsius, Justus, 1547~1606) 플랑드르 출신의 신스토아학파 철학자이
자 인문주의자. 40, 41

□

마갈로티, 로렌초 (Magalotti, Lorenzo) 24, 79

마르크스(Marx, K.) 219, 234, 235, 236

마이모니데스(Maimonides, Moses, 1135~1204) 중세의 가장 저명한 유대 철학자이자 성경
연구자. 84, 212

마코비우스(Maccovius, Johannes, 1588~1644) 폴란드 출신의 네덜란드의 칼뱅주의 신학자
이자 철학자. 42

만스펠트, 레흐니르(Mansvelt, Regnier van, 1639~71) 77

말브랑슈(Malbranche, N., 1638~1715) 207, 208

말트라니야(Maltranilla, Miguel Perèz de, 1625?~59년 이후 사망) 22, 60

메이어르, 로데베이크(Meyer, Loderwijk, 1629~1681) 스피노자의 친구이자 서신 교환자. 스
피노자의 라틴어 판본 유고집의 서문을 쓴 의사. 24, 25, 62, 82, 115, 172, 174

메인스마(Meinsma, Koenraad Oege, 1865~1929) 스피노자 연구자. 그의 책 *Spinoza en zijn
kring*(스피노자와 그의 모임)은 후대의 스피노자 연구에 많은 영향을 미쳤다. 26, 29,
31, 33, 34, 93

멘델스존, 모제스(Mendelssohn, Moses, 1729~86) 215, 216

모르테라, 사울 레비(Mortera, Saul Levi, 1596~1660) 포르투갈계 유대인 랍비로서 케테르
토라 학당 설립자. 51, 54, 57

몬테지노스, 안토니우(Montezinos, Antonio, 1604~1648) 포르투갈계 유대인 탐험가. 63

므나세 벤 이스라엘(Menasseh Ben Israel, 1604~57) 포르투갈 출신의 유대인 랍비로서 외교관, 출판업자. 55, 63

ㅂ

바우메이스터르, 요하네스(Bouwmeester, Johannes) 스피노자의 친구이자 서신 교환자. 62, 107, 132

바스나주, 자크(Basnage, Jacques, 1653~1723) 프랑스 출신의 개신교 목사이자 신학자, 역사학자. 45

바흐터, 요한 게오르그(Wachter, Johan Georg, 1787~1847) 오스트리아 출신의 동양학자이자 신학자. 212

발링, 피터르 (Balling, Peter) 스피노자의 친구이자 서신 교환자. 62, 65

베르날, 아브라함 누녜스(Bernal, Abraham Nuñez) 52

벨, 피에르(Bayle, Pierre, 1647~1706) 프랑스 출신의 위그노 교도 철학자. 26~9, 45, 174, 207, 208, 213

보르크, 올라우스(Borch, Olaus, 1626~1690) 니콜라스 스테노의 스승으로, 덴마크의 화학자이자 문법학자. 67

보르헤스, 호르헤 루이스(Borges, Jorge Luis) 아르헨티나의 문호. 227

보시우스(Vossius)가 네덜란드에서 라틴 문헌 연구의 일가를 이룬 헤라르두스 보시우스 (Gerardus Vossius)와 그의 형제와 아들들을 가리킴. 42

보일, 로버트(Boyle, Robert, 1627~91) 보일–샤를 법칙으로 유명한 영국의 자연과학자. 올덴부르크를 매개로 스피노자와 화학에 대한 의견을 교환. 45, 68, 83

복설, 휘호 (Boxel, Hugo, 1607~1680) 스피노자의 서신 교환자로 네덜란드 법률가. 90, 230

뷔르허르스데익(Burgersdijck, Franco Petri, 1590~1635) 레이던 대학에서 논리학, 윤리학, 자연학을 강의한 네덜란드의 신아리스토텔레스주의 철학자. 42

뷔르흐, 알베르트(Burgh, Albert, 1648~1708) 한때 스피노자의 친구였고 제자를 자처했으나, 이후 닐스 스텐센의 영향하에 가톨릭으로 개종. 스피노자의 서신 교환자. 52, 66, 85, 230

브레덴뷔르흐(Bredenburgh, Johannes, 1641~91) 네덜란드의 주류 무역업자. 77

블레이은베르흐(Blijenbergh, Willem Van, 1632~96) 네덜란드의 곡물업자이자 아마추어 칼뱅주의 신학자. 스피노자의 서신 교환자이자 비판자. 23, 69, 71, 86, 132, 135

비에이라, 안토니우(Vieira, Antonio, 1608~97) 브라질에서 선교활동을 한 포르투갈 출신의 신부. 53

ㅅ

샤피라(Shapira, Nathan, 1585~1633) 폴란드의 유대 랍비이자 카발라주의자. 183

쇼펜하우어(Schopenhauer, A.) 219

슈톨레(Stolle, Gottlieb, 1673~1744) 스피노자의 『소론』 발견과 연관되어 있는 독일의 학자
이자 시인. 32, 108

슐러(Schuller, Georg Hermann, 1650/51~79) 독일 출생으로 스피노자의 친구이자 서신 교환
자. 81

스테노, 니콜라스(Steno, Nicolas, 1638~86) 알베르트 뷔르흐를 가톨릭으로 개종시킨 덴마
크 출신의 지질학자이자 해부학자. 85

스테빈, 시몬(Stevin, Simon, 1548~1620) 플랑드르 출신의 네덜란드 공학자이자 수학자. 43

스투프, 장 밥티스트(Stouppe, Jean Baptiste, 1620?~92) 칼뱅주의 목회자이자 첩자. 75, 78

시몽, 리샤르(Simon, Richard, 1638~1712) 프랑스 출신의 가톨릭 사제이자 성경 연구자. 206

ㅇ

아우어바흐, 베르톨트(Auerbach, Bertolt, 1812~1882) 92, 222

알스테드(Alsted, Johann Heinrich, 1588~1638) 백과사전으로 유명한 독일의 칼뱅주의 신학
자, 논리학자. 42

야코비(Jacobi) 216~8

에델만(Edelmann, Johann Christian, 1698~1767) 215

에레라, 아브라함 코엔(Herrera, Abraham Cohen, 1570~1635) 유대 종교 철학자이자 카발라
주의자. 54

에임스, 윌리엄(Ames, William, 1576~1633) 영국 출신의 개신교 신학자. 62, 63

옐러스, 야리흐(Jelles, Jarig, 1620?~83) 스피노자의 친구이자 서신 교환자. 스피노자 유고
집 네덜란드 판본 서문 집필자. 25, 62

오스턴, 야코프(Ostens, Jacob, 1625~78) 의사이며 스피노자의 친구이자 서신 교환자. 74

올덴바르너펠트(Oldenbarnevelt, Johan van) 네덜란드의 연방 대재상(1586~1618). 38

올덴부르크(Oldenburg, Henri) 스피노자의 서신 교환자이며, 독일 출생으로 영국 왕립과학
회 서기. 23, 45, 64, 67~8, 73~4, 113, 131~2, 136, 184

올리바레스 공작(Olivarès, Gaspar de Guzmàn, 1587~1647) 52

ㅊ

체비, 사바타이(Zvi, Sabbathai) 63~4

치른하우스(Tschrinhaus, Ehrenfried Walther von, 1651~1708) 스피노자의 친구이자 서신 교환자. 독일 출신의 수학자, 철학자, 물리학자. 81, 98, 106, 209

ㅋ

카세아리우스(Casearius, Johannes, 1642?~1677) 스피노자에게서 데카르트 철학에 대해 배움. 69, 114

카스트루, 오로비우 드(Castro, Orobio de, 1617~87) 포르투갈과 에스파냐 출신의 유대인 철학자, 의학자. 47

케커만(Keckerman, Bartholomäus, 1572?~1609) 독일-폴란드 출신의 칼뱅주의 신학자이자 철학자. 42

코른허르트, 디르크(Coornhert, Dirck, 1522~1599) 네덜란드 르네상스를 이끈 철학자이자 신학자. 40~1

콜레루스(Colerus, Johannes) 스피노자 전기 작가. 27~9, 30, 33, 92~3, 108

콜벤하이어, 에르빈 기도(Kolbenheyer, Erwin Guido, 1878~1962) 225

쿠르(Court) 형제. 공화정을 지지한 네덜란드 정치 사상가이자 경제학자인 피터르 드 라 쿠르(판 호버, 1618~1685)를 가리킴. 37

쿠르바흐, 아드리안(Koerbagh, Adriaan, 1632~69) 네덜란드의 급진 사상가. 31, 72~3

쿠쟁, 빅토르(Cousin, Victor, 1792~1867) 220~1

크레스카스, 하사다이(Crescas, Hasadai, 1340~1410) 카탈루냐 출신의 유대 철학자. 84

클라우베르크(Clauberg, Johannes, 1622~65) 독일 출신의 형이상학자이자 신학자. 42

ㅌ

토마스 솔라노(Thomas Solano y Robles, 1627?~59년 이후 사망) 22, 60

토마지우스, 야곱(Tomasius, Jacob, 1622~1684) 독일의 철학자. 75, 206

톨런드, 존(Toland, John, 1670~1722) 영국의 이신론자. 212

ㅍ

파라르, 아브라함(Farrar, Abraham) 56

판 데르 메이르(Van der Meer, Johannes, 1639~86) 스피노자의 서신 교환자로 네덜란드의 금융업자이자 수학자. 45

판 데르 스페익(Van der Spyck, Hendrick, ?~1715) 화가이자 스피노자가 말년을 보낸 하숙집 주인. 27, 28, 86

스피노자 매뉴얼
인물, 사상, 유산

2019년 4월 23일 초판 1쇄 펴냄
2022년 1월 17일 초판 2쇄 펴냄

지은이 | 피에르-프랑수아 모로
옮긴이 | 김은주, 김문수

펴낸이 | 최지영
펴낸곳 | 에디토리얼
등록 | 2018년 2월 7일 제25100-2018-000010호
주소 | 서울시 마포구 신촌로2길 19, 306호
투고·문의 | editorial@editorialbooks.com
전화 | 02-996-9430   팩스 | 0303-3447-9430
홈페이지 | www.editorialbooks.kr
인스타그램 | editorial.books   페이스북 | editorialbooks
교열 | 이수영   디자인 | 채홍디자인   제작 | 세걸음

ISBN 979-11-963506-4-2 03160

이 도서의 국립중앙도서관 출판예정도서목록(CIP)은 서지정보유통지원시스템 홈페이지
(http://seoji.nl.go.kr)와 국가자료종합목록시스템(http://www.nl.go.kr/kolisnet)에서
이용하실 수 있습니다. (CIP제어번호 : CIP2019000525)